好父母是这样
教养男孩的

张 静◎著

中华工商联合出版社

图书在版编目(CIP)数据

好父母是这样教养男孩的 / 张静著. -- 北京：中华工商联合出版社，2019.5

ISBN 978-7-5158-2488-8

Ⅰ.①好… Ⅱ.①张… Ⅲ.①男性－家庭教育 Ⅳ.①G78

中国版本图书馆CIP数据核字 (2019) 第 056810 号

好父母是这样教养男孩的

作　　者：张　静
责任编辑：吕　莺　董　婧
封面设计：天下书装
责任审读：李　征
责任印制：迈致红
营销推广：王　静
出版发行：中华工商联合出版社有限责任公司
印　　刷：河北飞鸿印刷有限公司
版　　次：2019年10月第1版
印　　次：2019年10月第1次印刷
开　　本：710mm×1020mm　1/16
字　　数：75千字
印　　张：15.25
书　　号：ISBN 978-7-5158-2488-8
定　　价：42.00元

服务热线：010-58301130
销售热线：010-58302813
地址邮编：北京市西城区西环广场A座
　　　　　19-20层，100044
http://www.chgslcbs.cn
E-mail: cicap1202@sina.com(营销中心)
E-mail: gslzbs@sina.com(总编室)

目　录

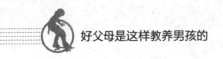

第三章 **培养男孩乐观精神**

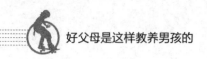

第六章 **培养男孩的思维能力和习惯**

第一章
男孩从小当自强

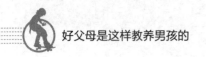
⊕ 注重性别教育

　　父母从小就要注重对男孩的性别教育，让他知道自己是个小小男子汉。不仅要培养他的男子汉作风，比如，跌倒了让他自己爬起来，他害怕时告诉他不要怕，要学会一个人睡，等等，而且还要养成他的男孩性格，比如，坚强、无畏、勇敢、不依赖人、做事有自己的主张、说话干脆等等。性别教育在培养男孩的男子汉作风方面非常重要，而父亲在教育过程中扮演着很重要的角色。

　　性别教育包括性别认同和认识性别角色。性别认同是孩子对性别角色的自我体验，而性别角色则是孩子性别认同的外在表现。儿童教育专家认为，3岁以前的幼儿已经开始对自己的性别进行认同了，但是在行为方面尚没有明显的男女区别。5岁是幼儿以自己性别角色适应社会的起始年龄。大多数父母会发现此时期的男孩和女孩在行为上及性格上开始有差异，比如玩耍的方式不同——男孩喜欢汽车、手枪，喜欢冲锋陷阵，玩打仗的游戏；女孩钟情于洋娃娃、小餐具，玩过家家。

儿童教育专家认为，孩子的性别行为特征既是天生的也是后天塑造的。孩童时期是"个性的烙印期"。由于幼儿园和小学教师多为女性，所以，家庭教育在培养男孩的阳刚之气上有着不可替代的作用。

父母作为孩子的性别认同和性别启蒙老师，从小就要向孩子讲述性别的不同。那么，父母如何对男孩进行性别教育呢？

父母要让孩子有正确的性别认识。正确的性别观念对孩子的健康成长非常重要。如果孩子的性别角色混乱，会给孩子以后的生活带来很多麻烦和痛苦。因为，如果孩子的行为模式和性别取向不泾渭分明，成年后恐怕会存在两方面的困难：一方面是融入同性群体有困难；另一方面是很难被异性接纳，这会给恋爱和婚姻带来问题。所以，孩子如果性别角色错位，容易形成性别紊乱，严重地说，还会形成假性取向，甚至会导致错误变性，后果不堪设想。

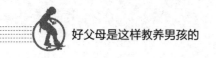

另外，不要用打骂等粗暴的方式来培养孩子的性别认识。.男孩子一旦有了男子汉的意识，最不怕的就是打骂了。父母越是打骂孩子，孩子越会产生逆反心理。因为男孩本身怕父母不理解自己，如果父母再打骂孩子，他们就会以自己的方式反抗家长。还有男孩其实也会害羞，让男孩更像男孩，绝不是爸爸每天训斥就可以做到的。父母要想自己的孩子具备男孩特征，让他们长大后是内心强大的真正男子汉，一定要有目的、有计划地培养，经过日积月累的深入和渗透，才能让幼小的孩子理解自己的苦心。

因此，所有男孩父母一定要牢记这样一个教子箴言：如果你现在不和你的男孩成为朋友，那么青春期之后，他就会把你们当作"敌人"！和男孩做朋友要学会尊重他，理解他，给他更多的自我选择的信心和权利。具体而言，男孩的父母需要做到以下几点：

1. 给孩子创造一个良好的性别发育的家庭环境

孩子一生下来接触最多的人就是父母，父母是孩子早年生活环境的缔造者，是孩子的启蒙者，父母在对孩子进行性别教育的时候，主要通过自己的性别和与孩子之间的相互关系，对孩子的性别发育产生影响。而父亲一开始就是男孩的"认同偶像"。

孩子由于自身性别的特点，对各种感觉信息有不同的感受和偏好。男孩天生就欣赏父亲那有力的臂膀，还有那洪钟般的嗓音。倘若父亲拥有典型的男性特质，母亲拥有明显的女性特质，那就会为孩子提供明显不同的性别信息，男孩就会很自然地受父亲的影响而认同父亲，这样就使男孩有一个性别认同和发育的良好环境。

2. 让孩子喜欢自己的性别

对待孩子的性别，无论是男孩还是女孩，父母都应表现出自己的喜爱。父母对孩子的性别不但要认同，还要赞赏、喜欢。男孩有男孩的优点，女孩有女孩的长处，男孩女孩都是父母爱的结晶，父母没有理由重男轻女，或重女轻男。

父母应以与孩子的性别相一致的态度对待他们，以与孩子性别相一致的方式抚养他们，给予孩子与性别相一致的性别角色行为要求。比如，父母对待男孩，让他经常玩打仗、踢足球等男孩们常玩的游戏，培养他的男性气质。父母要让男孩认识到他的生理性别就是父母所期望的、所喜欢的性别，鼓励他学习同性（父或母）的角色行为和社会行为。

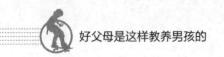

3. 加强男孩的性别角色教育

性别角色是一个人的社会性别，指的是一个男性或女性应有的社会定位和行为规范，比如说男孩该干什么，女孩该干什么等。性别角色的概念和内涵并非一成不变，它会随时代的发展而有所变化。例如，旧社会提倡"男主外、女主内"，现代社会则强调男女社会地位平等。

人的性别认同过程比较短暂，但一旦形成便不会变更。而性别角色的学习则是一个漫长的过程，它会随着人的年龄和社会阅历的增长而不断丰富和改变，父母通过自己的行动和教育直接或潜移默化地影响着孩子的性别角色。父母通过对孩子性别的评价和期望，对孩子性别的态度以及抚养方式，给予孩子性别影响。父母通过正确的性别教育，帮助孩子养成正确的性别认同和性别角色行为。这是其他人（包括老师）都无法替代的，是父母应尽的家庭责任及社会责任。

4. 按照男孩的个性特点进行引导和养育

男孩生性好动、顽皮、胆子大、好奇心强，甚至有点儿"野气"。对此，父母和老师应因势利导，绝不能压制其个性的发展。在幼儿园或学校里，一般打架的都是男孩，对此，父母、老师不应简单地指责，而应教导孩子文明待人，同时引导男孩做女孩的保护人，赋予他一定的责任感。

5. 在基本的行为规范之内给予男孩充分的自由

被束缚手脚的孩子长大后一定是怯懦、没有主见的，这样的孩子很难在社会中生存。所以，父母要在基本的行为规范之内给予男孩充分的自由。

所谓"基本的行为规范"，是指讲礼貌、尊老爱幼、爱学习、爱助人等做人的基本原则，这些原则是必须坚守、不能动摇的。而在不违背基本原则的问题上，父母应给予孩子充分的自由。

例如，父母在公交车上要主动给老人让座给孩子做榜样，教孩子见人要有礼貌地打招呼，告诉孩子不要在公共场合大声喧哗，等等。

而如果孩子愿意在商场的玩具专区停留，摸摸看看，只要商场同意，他不是哭着闹着不讲道理地非要将玩具据为己有，那么父母就应给他自由。还有，当父母想带孩子去公园，而孩子提出去动物园时，父母应尊重孩子的意见。

6. 父亲要多带男孩到户外去游戏、玩耍

父母不管工作有多忙，都要尽可能多地和孩子接触、玩耍，

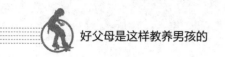

引导他进行体能锻炼，尤其是父亲。父亲要以"大朋友"的身份带孩子到室外多运动，和孩子一起进行踢皮球、打篮球、打雪仗、爬山、远足、捉迷藏、摔跤等游戏和活动。

这些活动会让孩子体会到冒险带来的刺激、成功带来的喜悦，而且通过这些活动，也能让孩子的躲闪、奔跑等能力得到锻炼。游戏和活动能让孩子身心愉悦，这是孩子成长中最积极的因素。在室外活动时，父子可能会遇到各种需要解决的问题，有时，需要快速做出决定。在解决问题的过程中，孩子的思维能力、判断能力和解决问题的能力都能得到训练，独立感和自信心也能得到增强。

7．父母要注意自己在男孩面前的表现，尤其是母亲更要注意自己的表现

多数女性在突然受到惊吓或者遇到意外情况时会失声喊叫，孩子见到此景，也会受到惊吓。而母亲又是孩子的第一任老师，所以，母亲尤其要注意自己在男孩面前的言谈举止，不仅不能胆小怕事，更要坚强勇敢，这样才能给男孩树立正确的榜样。

父母在对男孩进行性别角色教育时，应多去鼓励男孩做勇敢刚毅的事，培养男孩的独立性和创造性。例如，男孩喜欢登梯爬高，此时家长不要吓唬孩子，不要说"掉下来就没命了"之类的话，因为这样会使孩子的胆量越来越小。家长应该赞赏孩子的勇敢精神，同时要跟孩子讲清只有在大人的保护下才能爬高的道理。这样既保护了男孩活泼好动的气质，又增强了男孩的安全意识。

8. 防止男孩成为"小霸王"

有些父母过于溺爱孩子，几乎事事都给孩子"开方便之门"，让他错误地认为别人就应该让着自己，这样很容易使其养成自私的性格，尤其是男孩生性就比女孩争强好胜，所以，被娇惯的男孩很容易变得霸道。

为了避免这种情况，父母应该让自己的孩子和别的孩子一起玩玩具，吃零食也应该有意识地教导他分给大家吃，尽可能地使他减少自我中心意识，让他逐步意识到自己只是家中的一分子，只是集体中的一员，这样有助于男孩养成豁达大度的个性。

9. 不要过多地限制男孩的活动

爱玩好动是孩子的天性，尤其是男孩。孩子在玩耍、游戏的过程中认识世界，认识自己，了解社会和环境，增长自己的知识和才干。父母在教育男孩时，既要对其严格要求，但也不能一味

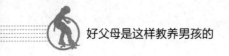

地限制他的活动。

比如，在日常生活中，不少家长过多地干涉男孩的活动，孩子刚一出门，连忙说"别跑，小心摔着"、"别跳，小心磕着"；看见孩子蹲在地上玩，就说"别玩土，脏"；看见孩子爬高，又说"别爬高，会摔下来"……家长过多限制孩子的活动，也就限制了孩子的独立性和自主性，不利于孩子的个性发展；家长限制孩子的活动，就会剥夺孩子自己动手的机会，不利于孩子的智力发育；家长限制孩子的游戏与运动，会使孩子失去很多欢乐，会让孩子无所适从，唯唯诺诺，事事看他人脸色行事。这些对孩子的身心发展均会产生不利的影响。所以，父母不要过多地限制男孩的活动。当然，为了防止意外发生，父母在看护好孩子的同时也要注意防止他进行危险的活动。

10. 对男孩既要全面培养，又要有所侧重

既然人有性别角色的区别，也就有了性别角色的不同定位和要求，父母要按照孩子的性别角色去培养孩子的某些品质，要让男孩有男孩的特点，让男孩更像男孩。父母不能仅仅在口头上说一说，更要落实在家庭教育的实践中，落实在家庭生活的细节中。总之，父母培养男孩的责任、担当、感恩精神最为重要。

⊕ 培养自立自强精神

自立自强是中华民族生生不息的精神源泉，中国人历来都非常强调和崇尚自强自立的精神。自立是指靠自己的能力去应对生活，不论碰到什么问题，要自己动脑筋思考，要用自己的力量去解决问题。自强是指依靠自己的努力立足于社会，在社会的磨炼中不断发展和完善自己。自立自强是现代社会人所必备的素质，不能做到自立自强的人，必然被竞争激烈的社会所淘汰。

一代大教育家陶行知老先生有一首诗写得好："滴自己的血，流自己的汗，自己的事情自己干，靠天靠地靠老子，不算是好汉。"

孩子的一生最可依赖的是什么？是父母留下的财产还是自食

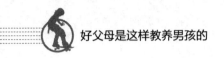

其力的能力？答案当然是后者。人们常说："靠人种地满地草，靠人盛饭一碗汤。"对于孩子来说，父母都不可能依靠一生一世，何况他人？因此，父母养育男孩，要让孩子从小明白，自立与自强是任何人成才所必须具备的条件与素质。这个世界上最可靠的人不是别人，而是自己，而男孩更要自立自强。男孩要成为勇往直前、顶天立地的男子汉，而不能成为畏缩不前的"胆小鬼"。

所以，父母养育男孩时应该让孩子多经受些磨砺，多吃点苦，要让孩子既懂得坚持的重要性，又具备抗挫的能力，这样孩子才能在自立中学会自强。下面是父母培养孩子自立自强精神的一些具体方法。

1. 对孩子的事要敢于放手

现今，父母为孩子事事代劳的现象举目皆是。在许多家庭中，孩子的父母乃至祖父母、外祖父母，整天为"小太阳"忙得不亦乐乎。孩子玩游戏、复习功课、做家庭作业、参与课外实践、参加学科竞赛等，每一项活动都是在父母的陪同下完成的。父母对孩子的教育可以说是"一千个用心，一万个在意"，但孩子的独立自主的品质却得不到培养。

男孩的可塑性是极强的，他们可以在父母的教导和帮助下学会独立面对生活，如果父母敢于放手，从小就让孩子经历风雨、经受磨砺，一定能让孩子成为自立自强的人。

2. 要让男孩树立自信心，不怕困难

父母养育男孩要善于发现孩子的特长，让孩子相信自己是有用之才，要告诉他只要有信心，不怕困难，事情一定会成功。要让孩子树立做事情的信心，最简单的方法就是帮助孩子成功。而如何帮助孩子成功，也是需要循序渐进一步一步进行的，绝不可能一蹴而就。

比如孩子玩搭积木，父母要求他搭建一个高楼，一开始孩子是做不了的。而如果父母最开始要他做一个高楼地基，这样就没有任何问题。然后孩子一层一层搭建，慢慢就能搭成一个高楼。在搭积木的过程中，如果出现倒塌，或孩子找不到相应的积木，父母不要着急，对孩子要有耐心，这样让男孩一直在有成就感的状态下玩，他不但有兴趣，还会在玩的过程中树立自信心。

3. 让男孩有自主的权利

很多父母都有这样的感受：当孩子渐渐长大，原来的"乖宝宝"越来越不听话了，而且常常变着花样和自己"对着干"。这

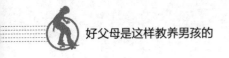

让很多父母不习惯，感叹孩子越大越难管！

其实孩子想自己拿主意没有什么不好，很多孩子在很小的时候就被家长限定在一个早已安排好的模式中，造成孩子遇到困难时常常难以独立解决。有些孩子甚至进了大学校门，还缺乏基本的自主能力，遇到一点儿困难便迫不及待地向家长求助。

父母教养男孩，让孩子早点儿学会拿主意，对他将来的成长意义重大，尽管他拿主意的事可能只是一些小事，但对孩子的成长来说却是十分重要的。当父母和孩子做出的选择不完全一致时，父母绝不能因此就扼杀孩子的想法，否定孩子的选择，这样孩子就会觉得父母不尊重自己，会打击他的积极性。父母可以帮助孩子拿主意，但不是代替孩子做选择。当孩子认真考虑后做出了决定，家长就应该支持孩子，这样才能让孩子养成自己解决问题的独立性和自强精神。

4. 尊重孩子，锻炼孩子敢想、敢说、敢做的能力

父母教养男孩，要想培养孩子的自立能力、独立思考能力和独立处理问题的能力，就要了解并尊重孩子的想法，鼓励孩子敢想、敢说、敢做，不打击他的这种积极性。

男孩通常自我意识强，善于钻研，善于探索。他们服从于

"理"，而不服从于"力"，对家长的强制做法，他们可能会表现出极强的反抗心理，有时即使表面服从了，实际上心里并不服从，而家长若事事都强制孩子按自己的意愿做，就会压制孩子的主观能动性，使孩子变得胆小怯懦，缺乏创造精神，失去自立能力。这样的男孩怎么可能成为男子汉呢?

5.给男孩自由发展的空间和时间

男孩爱在别人面前充当男子汉的角色，喜欢自己做主。但由于年龄小，生活经验不足，他可能会判断错误，但这种错误是可以理解的，他也需要从错误中吸取教训才能真正地自立。

当然，这不是说父母对孩子可以撒手不管，父母要引导孩子用正确的方法做决定。

比如，有一位聪明的家长在孩子很小的时候就每天给他一段可以自己支配的时间，只要不出危险，他可以自己安排最愿意做的事。孩子有时会玩游戏，有时会读自己喜爱的书，有时会画画。当然，有时也忙来忙去什么也没干成，但是在自由支配时间的过程中，孩子逐渐懂得珍惜时间，学会了在做事之前先进行安排和计划。

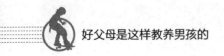

6. 培养男孩对社会和家庭的责任感、义务感

父母养育孩子的终极目标就是培养孩子对社会和家庭的责任感、义务感，让孩子成为对家庭、对社会有用的人。

父母不能因为孩子是男孩或者年纪小就不让他做家务，而应从小给他分配一些扫地、洗碗等简单的家务，让他知道不管在哪里都要承担一定的责任和义务，以培养他的责任感。父母还可让孩子在与朋友玩时多帮助自己的朋友，这样才能使孩子养成乐于助人的优良品格。

而在孩子做事情的过程中，即使孩子做得不好，父母也不能一味否定。父母最忌讳的口头禅就是：你看你笨的，怎么什么也做不好……这些否定的话，会让孩子失去自信心，做事畏首畏尾。

7. 发挥父爱的力量，锻炼男孩的意志力

男孩要应经得起各种考验，这需要其具有良好的心理承受能力和坚强的意志力。父亲不仅是男孩的男性榜样，而且要常给他鼓励、支持，帮助他培养起坚强的意志力。

生活中，父亲的行为每时每刻都在影响着男孩。比如，如果父亲很少或不做家务，那当母亲要求男孩帮自己做一些家务时，

男孩可能就会拒绝。因为在他的头脑中已经产生了这样的思想：做家务是妈妈的事情。这种思想可能是父亲在无意之间传达给他的，也可能是他从父亲的行为中得出的结论，但无论如何，对他的身心健康成长都是不利的。

男孩的成长需要榜样，他们常常会自觉或不自觉地把父亲当成自己的榜样。然而，父亲要想做好男孩的榜样也并非易事，在男孩成长的每一个阶段，父亲给孩子树立的榜样应是不断变化的，应符合男孩的心理发展特点。

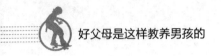

⬤ 让孩子成为优秀生

所有父母都希望自己的孩子是优秀生，而这需要培养孩子的上进心。好孩子都有争强好胜的驱动力和上进心，让男孩成为优秀生，更是需要父母花大力气的。

日本某能力开发研究所所长坂本保之介在少年时代并不出众，但在父亲的鼓励下，他逐渐增强了自信。他自创办能力开发研究所之后，一直致力于研究激励对培育自信心的重要作用。

坂本保之介上初中一年级时，成绩在全年级的500名学生中排第470名。他十分厌学，贪图玩耍，一直被看作脑子笨的学生。后来，他的父亲想了许多种方法，有意识地对坂本保之介加以培养，比如，他知道儿子喜欢下棋，便常常利用下棋的机会，教他下棋的规矩，还故意输给儿子，然后鼓励儿子说："你的棋艺进步很快呀！下棋是一项非常紧张的智力活动，你如果没有高度发展的智力，是不可能这么快就战胜我的。"父亲的这种鼓励，逐步强化了坂本保之介的自信心。他进入初二以后，成绩跃居年级前20名，后来成为知名学者。

这就是自信的神奇力量。自信是取得好成绩的前提。如果一个孩子自信心不足，他的潜力就可能被自己的消极思想所扼杀。

美国作家爱默生说："自信是成功的第一秘诀。"自信不仅是一个孩子成为优秀生的重要条件，从某种角度来说，也是决定其命运的重要力量。因为如果孩子没有自信，认为自己什么事情都做不好，那么，他的学习成绩不会提高，长大后的人生之路也会走得磕磕绊绊。

孩子要有"天生我才必有用"的自信心，才能成为优秀生，取得各方面的发展。那么，父母怎样培养男孩树立"自己会成为优秀生"的信念呢？

1. 经常提醒孩子保持乐观心态

孩子在成长过程中难免遭遇挫折，此时，父母应该鼓励孩子保持乐观的心态——学习不好、考试失败都是暂时的，再加把劲儿，下次就可以取得更好的成绩。父母要让孩子学会将眼前的失败转化为日后前进的动力，不要将自己的弱点、缺点无限放大，甚至把不是弱点、缺点的失误也误认为是阻碍自己前进的绊脚石，这样，去除了心理压力，孩子就会越来越有信心，也会取得更好的成绩。

2. 运用自我暗示法帮助孩子建立"优秀生"的信念

自我暗示法对孩子的成长十分重要。

当孩子信心不足或情绪低落时，父母可以让孩子大声在心中鼓励自己"我能做得到"、"我可以"、"我行"。这样在不知不觉中就能增强孩子的信心，使其产生向上的意念。这种自我暗示法，孩子可以很容易地学会，只要时常运用，就能不断地给孩子打气，增强孩子的斗志，并建立必胜的信念。

心理学家根据大量的调查研究指出，智力超常的孩子和智力低下的孩子都是极少数，绝大多数孩子在先天智力条件上并没有多大的差异。父母要让孩子明白，他的智力并不比其他孩子差，不要认为自己不如人，也不要觉得其他孩子比自己强，因为总想着自己不如别人，甚至总以自己不够聪明为理由放弃努力，实际上是没有自信的表现，这一问题可以通过自我暗示法加以克服。

3. 发掘潜力很重要

父母要让孩子明白，对于一个人而言，重要的不是聪明不聪明，而是如何发挥自己的潜在才智，挖掘自身的潜力。因此，让孩子学会发挥自己的优势十分重要。比如孩子画画很有天赋，父母可以送孩子上美术班；孩子爱好体育，父母可以多观察孩子在这方面的天赋，待有机会，可以让孩子在此方面有所发展。

除此以外，家长还应培养孩子尽可能成为"多面手"，具备多种能力，以取得更好的发展。

（1）具备吸纳知识的能力。

丰富的知识储备和创新能力让一切成功者永远走在时代的前列，永远胜人一筹。他们不仅拥有对历史、现在与未来的发言权，而且也是他人在知识、行为与思想方面的追赶者。有证据显示：杰出人物和成功者之所以具有较强的分析问题和解决问题的能力，根本原因在于他们具有丰富的知识。

一个人能否有效地获取知识，取决于其吸纳知识的能力。父母要教会孩子正确的学习方法，使其活学活用，在吸纳知识的时候多动脑、勤思考。

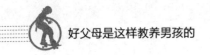

（2）具备信息接受和处理能力。

如今的社会是信息社会，捕捉、接受有效的信息并对之进行有效的处理至关重要，这样才能形成缜密的思维和独到的见解。父母教养男孩，要教会他如何细致观察事物，如何动脑想问题，如何进行逻辑思维推理并让信息为己所用。

（3）具备思维能力与表达能力。

在许多人的眼中，天才、大师、伟人似乎都深不可测。其实，只要立志努力，人人都可以成为天才、大师或是伟人。天才般的思维并非天生，而是可以通过后天的培养训练得到的。因此，父母要从小培养孩子的思维能力与表达能力，使他养成勤思考的习惯，鼓励他多表达自己的想法，逐步提升孩子的思维与表达能力。

（4）具备创新能力。

标新立异、勇于创新是所有杰出人物的共同特点。如果没有标新立异和勇于创新的精神，没有敢为天下先的胆识，人类社会的进步就无从谈起。父母要让孩子知道，创新是一种能力，而非天分。创新能力的培养需要自己付出艰辛的努力，还需要勇气。

（5）具备组织管理能力。

人的组织管理能力，不是指一个人具体地领导一个集团或团体，而是一种有效的管理素质训练。父母一定要从小培养孩子的组织管理能力，为他未来的良好发展奠定坚实的基础。比如父母可以有计划地让孩子请几个朋友到家里来，编成小组，设置一两个题目，让孩子们分别担任组长，轮流处理问题。

（6）具备社会活动能力。

社会活动能力是把前面所说的诸种能力最大限度地发挥出来。我们打个比方，前者是向水壶里装水的技巧，后者则是将水壶里的水倒出来的技巧，也就是一个人的能力在多大程度上被使用、被承认。让孩子具备这种能力的前提，是把孩子放到集体中，让孩子多参与集体的活动。

让孩子成为优秀生，绝对不是一个空洞的口号，而是涉及家庭教育的方方面面。父母要注意培养孩子多方面的能力，提升孩子的综合素质，为孩子的成长打下坚实的基础。

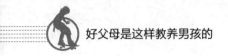

❋ 从家务劳动做起，培养孩子的独立性与责任感

提起让男孩做家务，大多数父母也许会不以为然，心里想着：不知道有多少比做家务更重要的事情等着孩子去学，哪有时间做这种事情？可是，如果我们换一种方式问父母："你想培养出一个有责任感的孩子吗？"父母的反应就会大不相同。其实，让男孩做家务，也是家长帮助孩子建立自我价值感、自信心与责任感的绝佳办法。

事实证明，习惯于承担家务的孩子，在走向成年的过程中，往往比那些缺乏这种体验的孩子更容易适应生活。此外，从小就干家务活的男孩，长大以后往往比不干家务的男孩更懂得如何照顾好自己和他人，因为他们从小就懂得做好一件事是很重要的，他们每完成一件事情都会有成就感。

哈佛大学曾对常爱做家务的孩子和不爱做家务的孩子跟踪调

查20年，最终得出以下结果：爱做家务的孩子与不爱做家务的孩子失业率之比为1∶15，犯罪率之比为1∶10，收入相差为20%。而且，爱做家务的孩子离婚率低，心理承受能力强。

在做家务的过程中，孩子得到了劳动所带来的快感，知道自己对家庭要承担义务与责任，这种体验比家长空洞的说教效果要好很多。通过劳动，孩子知道了为家庭付出的辛苦。劳动同时还增强了孩子对事物的理解能力与判断能力，因为孩子在做家务的时候要动脑筋去思考，比如如何提高做家务的效率、怎样把家务做得更好等问题，久而久之，就养成了良好的思维习惯。再者，做家务还可以提高孩子的动手能力，让孩子的脑神经得到大量刺激，从而使大脑更灵活。

一项调查显示，日本规定小学生每天参加劳动24分钟，英国为36分钟，德国更是从法律上规定了6~18岁的孩子应承担的家务劳动项目和数量。

孩子终究是要离开家长独立生活的，如果连基本的生活常识都没有，基本的劳动方法也不懂，一旦需要独立生活，就会处处碰壁。所以，父母要从孩子小的时候就有意识地让孩子养成做家务的习惯，培养孩子的生活自理能力，将来孩子独立生活，处理

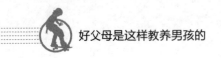

家务的能力就会强。

一个不爱做家务劳动的孩子，主要表现在如下几个方面。

1. 完全不做或懒于做家务

现在很多上了中学的孩子都不会洗衣服、不会做饭、不会用煤气，自己不整理书包，甚至不背书包，一切家务劳动俨然与他们无关。很多孩子甚至到十几岁了，连洗锅碗瓢盆都还没有碰过。一旦孩子养成懒于做事的坏毛病，改正起来就会非常难。

2. 自己能做的事也不做

有些孩子不爱劳动，明明是自己能做的事，却找各种理由不去做，其中最大的理由就是那不是他的事情。比如，为花园里的小树、小花松土施肥，很多孩子就认为那是父母的事，又不是自己养的花，所以这样的事他也就懒得去做。

有的事虽然是自己能做的，也与自己有关，但因为孩子养成了懒得动手的习惯，于是仍不去做。比如家里的卫生是每个家庭成员都应该做的事，像擦桌子、洗茶杯之类的事。但是不爱劳动的孩子就不做，因为他认为反正有父母做。

3. 自己该做的事也不做

很多孩子因为过于依赖父母，所以养成了不爱劳动的习惯，其中一个重要的表现就是本来应该是自己做的事却不做，把它推给父母。比如，许多孩子别说做饭洗衣服了，连饭前饭后擦桌子、帮助父母端盘子也不做，就坐在那里等着吃现成的饭菜；还有的孩子直到要换衣服，才会叫父母把衣服送到自己面前来，根本不知道事先要把替换的衣服准备好，而自己平时换下来的衣服，也不知道放到洗的地方，扔得到处都是。再比如，有的孩子在学习时文具扔得满桌都是，等到要用的时候，就急着让父母帮忙来找；更有甚者，明明应该是要自己完成的作业，却非要父母来帮着完成，最常见的就是手工作业。

4. 大事做不来，小事不愿做

很多孩子总以为自己还小，太大的事情做不来，太小的事情又觉得没必要做，还有些孩子认为凡事有父母做就可以了。

比如，很多孩子认为做饭是一件复杂的事，自己做不来；同时又认为像洗袜子这样的小事，本来一直是母亲在做，自己就没有必要多此一举了。这样下来，最后就养成了大事做不来，小事不愿做，什么事都和自己无关的心态。

那么，父母怎样才能让孩子养成爱做家务的习惯呢？

（1）注重培养孩子独立自主、热爱劳动的意识。

其实，孩子在幼儿时期就已经有了独立意识的萌芽，什么事都希望"我自己做"。随着年龄增长，他不仅想独立穿脱衣服、洗脸洗手，而且还想自己洗手绢、洗袜子，自己修理或者制作一些玩具，甚至还想自己洗碗、上街买东西。对于孩子正在萌芽的独立意识，父母一定要予以重视、支持和鼓励。如果经常压制孩子的独立愿望，他将来可能会成为一个处世消极、懒于做事或无所作为的人。

父母应让孩子树立"我会"、"我能自己做"、"我能行"的自我感觉，鼓励孩子多动手、多实践，这样，孩子劳动的各项能力才能得以发展。

（2）培养孩子克服困难的精神。

对于一个孩子来说，成长的过程需要他付出很大的努力，克服一定的困难。作为父母，应要求孩子独立克服困难，自己的事情坚持自己去完成，不管孩子如何哭闹都不能心软、妥协。父母若感情用事，不仅不能给孩子勇气，无助于孩子克服困难、经受磨炼，相反，还会增加孩子的依赖性和惰性，不利于他的成长。

要养成孩子独立、不怕困难的精神，家长应"心硬"些。其实，每个孩子刚开始独立做事情时都会感到困难、力不从心，但

"做个好孩子"的愿望在鼓励着他，他会不断克服困难，坚持到底，直至成功，长此以往，孩子的意志力就会增强，孩子也会感受到成功的喜悦。

（3）让孩子在学中做，在做中学。

无论孩子处于什么年龄段，对于每一件新鲜的事情都会有一个学习的过程。父母要让孩子抱着学习的心态来面对每一项劳动。有些劳动，孩子在向父母学习的过程中，虽然学会了，可父母还是有必要提醒孩子在做的过程中再多想想：比如做同样的事，有没有比现在的方法更简便易行的方法？在学中做，做中学，可以开发孩子智力，让孩子养成举一反三的好习惯。

（4）应该孩子自己做的事情，不要让他推给别人。

有些孩子对于那些不得不做的事，经常会挑来拣去。不是觉得这件事太难了，就是觉得那件事太简单，最后就变成这个不想做，那个不愿做了。家长一定要防止孩子做事挑三拣四，孩子能够做的，就一定不要让他推托掉。比如收拾自己的图书和玩具、削铅笔、整理书包、做值日等。对于大一点儿的孩子来说，父母可以让他收拾自己的屋子、洗自己的衣服和鞋子，独自在家的时候解决自己吃饭的问题，等等，从一点一滴培养孩子去做自己力

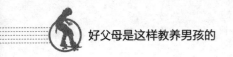

所能及的事。

（5）父母引导要得当。

父母在引导孩子学习做家务时，很多事情是不可忽视的：①要了解各年龄段的孩子动作技巧、认知程度、体力、耐心均不相同。因此，对孩子做家务的要求，也要视孩子能力而定，不宜超过孩子力所能及的范围，以免孩子因挫折而产生抗拒和畏惧心理。②父母有时可以和孩子一起做家务。孩子刚开始做某些家务时会手忙脚乱，有时甚至会给父母添乱，这时父母不要为了减少自己的麻烦而不让孩子插手，打击他的积极性，要耐住性子，教给孩子做家务的正确方法，多示范、多容忍、少责备，并且最开始要和他一起做，有耐心、有步骤，最好是以游戏的方式和心态教导孩子。

家务劳动对于孩子来说是另一种有意义的学习。当然，有些家务劳动需要父母在旁边保证孩子的安全。做家务本身的目的是锻炼孩子的生活能力，但首先要保证孩子的安全，切不可因小失大，父母要照看好孩子，让他远离火、电、煤气、锋利的金属制品等危险物品。由于男孩与女孩性格有很大不同，擅长的家务事也不同，所以，男孩的家长要根据孩子的年龄和实际能力，选择适合他做的家务劳动，这样才能更好地锻炼他的自理能力。

⊛ 培养独立意识

　　科学研究表明，男孩在2岁以后自我意识开始萌芽，语言和动作的发展非常迅速，对周围世界的认知范围扩大。他喜欢到处看到处摸，不喜欢被人抱着，甚至不愿让人牵着手走路。他已经能表达自己的意愿，对于成人要他做的事，他往往回答"不"，而对自己要做的事坚持说"我自己来"。如果这个时候父母仍然无条件地包办孩子的事，孩子就会形成一种错误认识：这种事情不用自己做，可以让父母帮着做。他会渐渐地失去自己做事的热情，越来越依赖别人。因此，在男孩自我意识萌芽期，父母要有意识地通过多种形式，让孩子认识到：他已经长大了，生活、学习不能完全依靠父母，应该慢慢地学会自己的事情自己做，在家

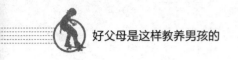

和在幼儿园都一样。

孩子的独立意识是在实践中逐步培养起来的，随着孩子身体的发育，心智的逐渐成熟，学习能力的不断提高，有些事从不会做到逐渐学会做，有些事从做得不好到做得井井有条，这是必然的规律，也是必经的过程。通过这个过程，孩子获得自身的发展。而做父母的应该多学习儿童心理学，尊重孩子的身心发展规律，该放手时要放手，该帮忙时要帮忙，不能忽视孩子身心发展的连续性和渐进性。

男孩的独立意识是较强的，但父母在孩子独立意识形成后仍需要不断加强，要根据孩子不同的年龄特点，从以下几个方面对孩子进行培养。

1. 放手让孩子做力所能及的事

从2岁开始，在父母的帮助下，孩子就应养成自己吃饭、自己穿衣、自己睡觉、自己收拾玩具等良好习惯，逐渐树立独立意识。

在这个过程中，父母要认识到，年幼的孩子总是在反反复复的过程中才能感受到做事的乐趣以及独立做事的快乐。因此，父母应采取逐渐放手让孩子自己做的方式，不要怕他做不好，也不要对他做的事求全责备。对于孩子独立去做的事，只要他付出努力，无论结果怎样，父母都要给予认可和赞扬，使孩子产生自信心。

"我能行"这种自我感觉对孩子很重要，它是孩子的独立性得以发展的动力。当然，有些事孩子常常做不好甚至会失败，在这种情况下，父母应该鼓励孩子再去尝试，绝不能动辄就说："我说你不行吧，就会逞能！"更不要看见孩子做不好，就动手代劳。而当孩子执意去做那些难度较大的事时，家长应予以鼓励并给予帮助。这样不仅会提高他的积极性，而且能增强他的自信心。

2. 父母应积极创造条件，让孩子学会独立

父母必须给予孩子很多探索和试验的机会，并允许他在一定的限度内犯错误，才能培养出孩子独立自主的能力。因此，随着孩子的长大，父母应允许他有越来越强的独立性，也就是给他的规定和约束要逐渐地减少，使他有更多的空间去处理他自己的事情。

简单地说，就是父母要逐渐扩大孩子的"自主圈"。除了随着孩子年龄的增长给予孩子越来越多的行动自由外，家长还应从

小鼓励孩子独立做出决定。有时，孩子可能由于种种原因而不愿自己动手或者动脑，这时父母就要设法启发、培养孩子独立思考并解决问题的愿望和能力，让他战胜依赖心理，树立"我能行"的信心。

3. 培养孩子独立思考的能力

孩子具有好奇好问的天性，父母对待他所提出的问题，应启发他自己动脑去想、去寻求答案，而不应怕麻烦，直接将答案告诉孩子。我国著名的教育家陈鹤琴先生曾有过这样的经历：

有一天，一个9岁的孩子问他："竹管里有空气吗？"陈先生没有直接回答，而是拿了一根两头有节的竹管，放在水盆中，在竹管上钻了一个洞，孩子见一个个小泡从洞中冒出，便说道："空气！空气！空气跑出来了。"这样，孩子自己得出了答案，显得格外高兴。

有的父母很注重丰富孩子的知识，也常常耐心地回答孩子提出的问题，但往往忽略了培养孩子独立思考问题的能力。例如，有的父母给孩子讲故事，一页页地讲，一本本地讲，孩子只是静静地听，却没有主动思考的机会。其实，给孩子讲故事时，父母也应适当提出问题让他自己思考，培养孩子独立思考问题的能力。

4. 培养孩子自我选择的能力

很多父母十分注意教导孩子听话、顺从，却不注意倾听孩子的意见。小到生活中的琐事，大到孩子的兴趣发展方向，父母一概包办，替孩子决定。这样孩子缺少自己做决定的机会，就无法锻炼自己的选择能力。然而，自我选择能力也是独立性很重要的一个方面，因为人生就是一个不断选择的过程，一个缺乏自我选择能力的孩子，长大后就会变得迷茫、没有主见。

所以，父母不仅要注意从小培养孩子独立生活和独立思考的能力，还应注意给孩子多创造自我决定、自我选择的机会，培养孩子自己做选择和自己处理问题的能力。

假日中，一位父亲带着他4岁的儿子在动物园里玩。在走到三岔路口时，他弯下腰去问儿子："儿子，从这条路走过去，能看马；从这条路走过去，能看大象；从这条路走过去，能看小猴。你说，咱们走哪条路，到哪儿去玩？"孩子认真思索了一会儿说："咱们走这条路吧，去看小猴。"于是父亲带着儿子，向儿子所选择的方向走去……

这位父亲的做法是非常值得赞赏的。首先，他很尊重孩子的意见，体现出父子间一种平等的关系；同时，他又是个懂得家庭

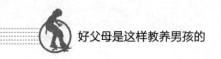

教育的有心人，能抓住机会培养孩子自我选择的能力。

在各种生活小事中，父母都可以对孩子的独立性进行培养。例如在书店买书的时候，父母要让孩子挑选自己喜欢的书籍；在饭店吃饭的时候，父母可以让孩子主动点一个自己喜欢吃的菜；在孩子做家庭作业的时候，父母要鼓励孩子独立思考，不能一有问题就求助于家长。

孩子在自由选择的时候，孩子与成人的思想有时会不一致，甚至差距很大，但即使父母认为孩子的想法不对，也不能当场批评孩子，要找恰当的时间耐心说服孩子，帮助他认识自己的错误，鼓励他在今后做出选择时考虑得更认真。

5. 培养孩子克服困难的信心

父母在培养孩子的独立性时，往往需要同时培养孩子克服困难的信心和毅力。对于孩子来说，自己穿脱衣服、整理和收拾玩具、写作业、做简单家务等，是需要付出很大的努力和克服一定的困难的。因此，父母要对孩子做出的努力给予充分的肯定，并鼓励他克服困难，尤其是对于那些依赖性较强的孩子，父母更要多督促和多鼓励。

在培养孩子独立做事的能力时，父母要"狠下心"，不能溺爱孩子。有的家长一见孩子碰到困难，不是鼓励他去克服困难，而是立即代劳；还有的家长本打算培养孩子的独立性，坚持让孩子自己去做事，但只要孩子一哭一闹，家长立即心软，对孩子百依百顺，从而前功尽弃。父母这样做从表面上看是"心疼"孩子，其实是害了孩子。因此，为了孩子的未来，父母应下决心不纵容孩子，这样才能培养孩子克服困难的信心和毅力。

6. 鼓励孩子发表自己的看法，并对孩子的意见给予重视

有一个男孩的父母要把他送到重点中学去读书，他对此不感兴趣，他对父亲说："我不在意读不读重点学校。只要我努力学习，无论在哪个学校一样能取得好成绩。""你的看法有道理。我们商量以后再做决定，好吗？"父亲表示赞同地说。

这个父亲对孩子经过自己思考后提出的见解表示肯定，这样做一定会增强孩子的信心，同时也能提高孩子独立思考和做出决定的能力。

教育专家建议父母应该积极地鼓励孩子发表自己对某一事物的看法，并且要对孩子的看法给予重视。当孩子发表自己的观点时，父母不要急于否定他或者随随便便就驳斥他。另外，对孩子与自己不同的一些想法，家长要予以理解，千万不要认为孩子的

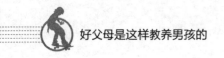

想法都是不对的。

当然，孩子的某种观点或看法也许欠妥，但这也不要紧，父母可以先肯定孩子正确的一面，然后再委婉地指出欠妥的地方，总之，一定要使用善意的方式和宽容的态度对待孩子的意见。

7. 多用激励和赞美的语言

有位教育专家说："你要想把自己的孩子塑造成你渴望中的样子，只有靠激励和赞美的语言才能真正地达到目的。就像植物都是朝着有阳光的方向生长一样，而挑剔和过度的批评，只能让孩子变得胆小畏怯，不知所措，甚至因为逆反心理而走向父母教育的反面。"所以，父母要对自己的孩子始终抱着一颗欣赏和赞美的心，多说激励和赞美的话，并表现出相信孩子的态度。

8. 解放孩子的思想

三个孩子跟随老师去观赏绘画展，那是一个关于"绿太阳"的画展。第一个孩子说："太阳是绿的？这怎么可能？它明明是红的。"第二个孩子说："多美呀，绿色的太阳！生活竟这样奇妙！"第三个孩子说："绿色的太阳是怎么演变出来的？"听着他们的评论，老师微笑着，肯定了他们的想法。

许多年以后，这三个孩子都有了自己的成就，第一个孩子成了物理学家，第二个孩子成了艺术家，而第三个孩子则成了化学家！

我们虽然不能说这三个孩子取得后来的成就是因为那次画展，但老师尊重他们的独立思考，不束缚他们的思想，这对他们后来的发展无疑是十分有益的。

每个孩子都有自己独特的人生体验，每个孩子都有丰富的内心世界，爱护孩子，给孩子更多的空间，尊重孩子的思想，就是对孩子最好的呵护！

9．不限制孩子的活动范围

每个孩子都是活泼好动的，他们常对一些未知的事物产生新鲜感和好奇心，喜欢寻根问底。父母要放手让孩子自己去探究，让孩子在实践中学习和增长知识，并做到举一反三，融会贯通。假如父母怕孩子弄脏了手脚、衣服，或者担心出意外，而阻止他去动手动脑，不让他去实践，这样就会束缚孩子的思想和行动。那么，孩子想要学到知识并领悟其中的奥秘就很难了。

一位母亲，因孩子把她刚刚买回家的一块金表当成新鲜玩具拆卸摆弄坏了，就狠狠地打了孩子一顿，并把这件事告诉了孩子的老师。

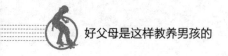

"恐怕一个'中国的爱迪生'被扼杀了。"老师幽默地说。接着，这位老师又进一步分析说："孩子的这种行为是创造力的表现，您不该打孩子，要解放孩子的双手，让他从小有动手实践的机会。"

这位母亲听了老师的话之后，觉得很有道理，有些后悔，着急地问老师道："那我现在应该怎么办呢？"

"补救的办法不是没有，"老师接着说，"你可以和孩子一起把金表送到钟表铺，让孩子站在一旁看修表匠如何修理，这样，修表铺就成了课堂，修表匠成了老师，这样既满足了孩子的好奇心，也让他增长了知识。"

这是一个真实的故事，故事中的老师，就是著名的教育家陶行知先生。

每个孩子都有潜藏的能力，家长要向陶行知先生学习，要充分发挥孩子的潜能，为其日后成才打下坚实的基础。

⊕ 锻炼生活能力

有一个商人，他有两个儿子。大儿子是他的宠儿，他想把自己的全部财产都留给大儿子。但孩子的母亲却喜欢小儿子，希望丈夫平分家产，但丈夫不同意。

一天，母亲越想越急，坐在窗前哭了起来，一位路人看见了，就走近窗前，问她为什么哭。

母亲说："我怎么能不哭呢？对我来说，两个儿子都一样亲，可是他们的父亲却想把全部财产留给大儿子，而小儿子什么也得不到。"

路人说："你的问题很容易解决。你只管让丈夫给大儿子吧，以后他们将各得其所。"

商人宣布了自己的决定后，小儿子一听说自己什么也得不到，就离开家到外地去了。他在外地学会了手艺，增长了知识。

而大儿子依赖父亲的财产生活，什么也不学，因为他觉得他是富有的，不必担心生计。后来，父亲死了，大儿子什么都不会干，把自己所有的财产花光后一贫如洗。而小儿子却因为一无所靠学会了挣钱的本事，变得越来越富有。

这个故事告诉我们：授人以鱼，不如授人以渔。给孩子留财产，不如培养孩子生活的本领。

现今，很多父母认为孩子只要念好书就行了，生活琐事自己可以代劳。但是这样做的结果，不仅是孩子的生活自理能力低，而且孩子长大后的生存能力也会受影响，因为在父母"周到"的服务和"严密"的保护中，孩子的自主行为会大大减少，对父母的依赖性越来越强。

还有一些父母，当孩子遇到困难时，不是鼓励他通过自己的努力去克服，而是无原则地包办代替，将困难、问题一一排除，让孩子毫不费力地步入坦途，父母变成了孩子成长的道路上的"拐杖"，而孩子一旦离开这根"拐杖"，便寸步难行。

一项对北京、上海、天津和重庆的孩子家庭教育状况调查表明，中国大城市的孩子独立性较差，他们对父母的依赖并不随年龄的增长而减少，相反，他们长大后严重缺乏基本的生活能力。

据调查，在这四个城市中，3～6岁的孩子愿意自己穿衣服的比例由25%增长到45%；而不愿自己穿衣服的比例，从3岁的21%下降到6岁的11%。虽然从数据来看，能自己穿衣服的孩子随年龄的增长而明显增多，但是专家认为，孩子在2岁时就开始有自己穿衣服的愿望和能力，到3岁就可以独立穿衣服了。而从调查的结果看，很多孩子到了6岁，仍不能自己穿衣服。无论这种现象是什么原因导致的，都是孩子缺乏自理能力的表现。对此，教育专家提出，孩子一旦习惯了依赖，在需要独自面临新的挑战时，便会无所适从。在家庭教育中，父母应重视从小对孩子独立性的培养，同时也要增强科学育儿的观念。

父母应该明白，锻炼孩子的生活能力是自己的责任。在孩子慢慢长大的过程中，自己也会变老，就算自己再有能力，也不能照顾孩子一辈子，孩子随时都有可能遇到一些问题和麻烦。所以，在孩子小的时候，父母就要着手培养他的生活能力，这是他将来在社会上生存的基础。教育要趁早，培养孩子的生活能力更要在点滴处体现，父母千万不要把孩子的事都揽过来，应该试着留给孩子一些自己动手解决问题的空间。

那么，家长怎样才能培养男孩的生活能力呢？

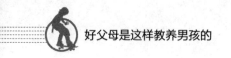

1. 按照孩子年龄特点培养他的承担能力

也许有的家长会说："要宝宝做家务，怎么可能？他才3岁呀！他不捣蛋、不帮倒忙就可以了。我看还是我自己来做比较省事。"正是因为这样的心理，很多父母都抱着"孩子小不懂事"、"越帮越忙"的想法，将孩子"赶出做家务的现场"，导致孩子失去了对家务事关心和动手的机会。其实，按照孩子的年龄特点，适当给他布置一些家务，对孩子的成长是很有帮助的。比如：

1岁以内的婴儿，可以让他自己拿汤匙吃饭，自己把衣服、玩具放进篮子里等。

2岁的幼儿，可以让他擦桌子，将垃圾丢进垃圾桶内，等等。

3岁的孩子，已经要进入幼儿园过集体生活了。可以训练其将用好的毛巾和牙刷挂好、放整齐，吃完饭后清理自己的桌面，学习扫地，自己整理床铺，还可以教他给植物浇水、给家里的宠物喂食等。

4岁的孩子已大致具备了整理房间的能力，家长可以要求他把玩具摆放整齐、整理自己的小书架、擦拭室内的灰尘等，还可以在此时教他洗小手绢、袜子之类的小物品。

5岁的孩子，如果身体够高的话，可以让他帮助家长在饭前布置餐具，饭后清洗餐具的工作也可以让孩子参与其中。

6岁的孩子，快到上学的年龄，如果孩子一直以来都有良好的劳动习惯，此时父母丝毫不必为他是否能够适应学校生活而担忧，因为他已经是一个能够独立处理很多事情的"小大人"了！

至于做饭、修理等涉及火、电等不安全因素的家务，还是要等到孩子升入中学、逐渐拥有一些生活常识后再让孩子"插手"，这样比较安全。

由于各年龄段的孩子在动手能力、认知程度、体力、耐心等方面的情况均不相同，父母对孩子做家务的要求应视孩子能力而定，以免孩子因挫折而产生抗拒和畏惧的心理。

2. 在生活中培养孩子的兴趣

对于年幼的孩子来说，他的生活就是游戏，所以父母可以让孩子把学习做家务也当作一种游戏。此外，在培养孩子的生活能力时父母要有耐心，只有给孩子创造轻松愉快的氛围，孩子才能自主自发地做家务，才能学到做家务的技巧。

对于年纪小的孩子来讲，父母最好让他先从做个人分内事情开始学习做家务，提高孩子的生活自理能力。比如，家长可以教孩子将衣服穿好、放好，自己的玩具自己收拾好，把脏衣服放进

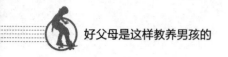

篮子里。家长要让孩子慢慢认识到这都是他自己的分内事，并养成自己的事情自己做的习惯。

对于还不识字的孩子，家长可以在日历上贴上图片，让孩子看见图就知道今天自己要完成的事是什么。如果孩子完成了当天的事，就从日历上把这一天圈上，这样，孩子就知道第二天自己要做的是什么。对于大一些的孩子，家长可以画出一张表格，让他把自己要完成的事情写在上面，这样，孩子就能很清楚地知道自己每天要做的事是什么了。

3. 给孩子适当的奖励

在培养孩子生活能力的过程中，怎样才能让孩子心甘情愿地接受家长分配的家务活呢？家长可以采取适当的奖励方法，如果孩子完成了一定的家务，就给予他应得的奖励。每个孩子期待的回报都不一样，但很重要的一点是要教会孩子有责任感。在父母给予孩子所有的奖励中，赞美是孩子最喜欢的奖励方式。当孩子认真地完成了一项任务后，家长不要忘了告诉孩子，他做得有多好。要让孩子知道，他做的每件"小事"大人都看到了，尽管他年纪小，能力和耐力都有限，但是没有关系，家长知道他已经很努力了，而且相信他会干得越来越好。

4．要引导得当

父母在培养孩子的生活能力时，下面一些事是不能忽视的。

（1）在满足孩子的好奇心与求知欲的同时，安全问题也是不容忽视的。

例如，父母不要让孩子自行拿取锤子、钉子、剪子等危险物品，这些东西父母要替孩子拿取，以确保安全。

（2）多容忍、少责备。

生活能力的培养不是一蹴而就的，当孩子手忙脚乱，把现场搞得一塌糊涂、乱七八糟时，父母要耐住性子，不厌其烦地教导孩子，教孩子改正错误并示范正确方法。在指导孩子的时候，家长的语气要温和，不要破口大骂或呵斥指责，而应有耐心、有步骤或以游戏的方式教导孩子。

总之，孩子生活能力的养成离不开做家务事，父母不要让孩子从自己的言行举止中感觉到做家务是件令人厌恶和劳累的事情。此外，父母在家务的分工上要妥善安排，免得男孩产生"做家务是女人的事情"的错误观念，要让孩子认识到，家是属于每个家庭成员的，所以，家里的每一件事，大家都有义务去做，有责任去做，男孩也不能例外。

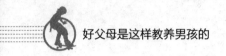

◉ 克服依赖心理

现代社会是一个充满竞争的社会，优胜劣汰是必然现象，孩子今后的路大部分都是自己走，失败与挫折在所难免。如果父母一味呵护孩子，过度保护孩子，会使他的心理承受能力变得过于脆弱，形成依赖心理，长大以后难以承受现实环境带来的各种压力。如果一个男人承受挫折的能力差，他就会拙于应付局面，容易产生消极情绪。消极情绪则会限制他的行动和努力，会使他更易遭受失败和挫折，而失败和挫折反过来又会加重他的消极情绪，形成一种恶性循环。父母当然不希望看到这样的结果，但是他们往往在生活中不自觉地溺爱孩子，使孩子产生依赖心理。

心理学认为，孩子依赖性太强并非是天生的惰性或低能，通常都是长辈过度宠爱的结果，是父母教育不当导致孩子形成的不良行为习惯。比如，家长对孩子过分保护、事事包办，或家长无原则地满足孩子的全部要求等。

孩子的可塑性很强，父母如果能及时地改变教育方法，是可以纠正孩子已经形成的不良行为习惯的。下面这些方法，有助于纠正孩子的依赖心理，帮助孩子养成自强自立的品格。

1. 大胆放手

父母不能总认为自己的孩子稚嫩不懂事，什么事都不敢让孩子独立去做，唯恐毁了物或伤了人，认为还是自己包揽代办最好。

其实，父母应该大胆放手让孩子"自己的事自己做"，不要怕他做错，要多给孩子锻炼的机会，尤其要锻炼孩子的自理能力，而做到这些，就要求父母大胆"放手"。

父母应从小鼓励孩子自己做决定，比如自己决定玩什么游戏、和谁玩、穿哪件衣服等。父母不要支配、控制孩子的所有活动，也不要给孩子立太多规矩，更不要过分挑剔孩子的行为，使他感到左右为难。

2. 从小事做起

在孩子成长的过程中，有些事虽然在父母看来是"小事"，但对孩子而言其意义不小。尽管洗手帕、拿碗筷、扫地、擦桌子等都是日常生活中的小事，但孩子的生活自理能力就是从这些小事中培养起来的。父母不要轻视小事，应该有意识地安排一些小事让孩子去做。

3. 热情鼓励

在孩子独立做事的过程中，不论结果好坏，父母都应热情鼓励孩子的行为，不挑三挑四，不求全责备，不挫伤他的积极性。即使孩子做得不好或做错了，父母也要与孩子一起分析，帮助他找到做错的原因，使他在实践中得到锻炼和提高。

4. 奖惩分明

要纠正孩子对父母的依赖性，奖惩分明是行之有效的措施。但要注意，父母奖惩的标准不是孩子事情做得好坏，而是做与不做。父母布置给孩子的事情，做得好坏是能力问题，可以不去计较，以后慢慢提高，但做与不做却是态度问题。因此，父母要明确奖惩目的：孩子做了父母分配的事情，就要给予适当的奖励，比如带孩子看场电影，去趟公园；没做，必须给予必要的惩罚，比如不能看电视、不能外出活动等。

5. 激发孩子探索的兴趣和潜在的天赋

传统的单向教育方式，让大部分孩子习惯于接受，不去或不敢发掘自己的兴趣所在，这样会压抑孩子的天性，不利于孩子的成长。

父母应为孩子提供良好的家庭环境，同时允许他依照自己的方式去学习与探索。在这个过程中，父母要避免给孩子制造压力，以免造成不良影响。父母还可以为孩子提供接触各种不同类型活动的机会，如欣赏音乐、艺术，照顾动植物，探索天文地理知识等。父母不要规定孩子该学多少东西，而应从旁多观察孩子在不同领域的学习活动，从中发现孩子的潜在兴趣和能力。

6. 让孩子懂得生活的艰辛

父母既要让孩子知道生活的甘甜，又要让孩子了解生活的艰辛、坎坷和困难，如果孩子能懂得父母的艰辛、能理解父母的付出，那他就有可能养成艰苦朴素、热爱劳动、尊重父母的行为习惯。比如，有的孩子知道父母辛辛苦苦赚钱是非常不容易的，因此他便不会随便花钱，能节省就尽量节省，不向父母提过分的要求；有的孩子会主动做一些力所能及的家务事，以减轻父母的负担。这些做法实际上都是超越了单纯尽义务的概念，其中也包含

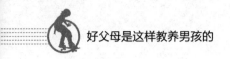

了孩子对父母深刻的爱。

当然，社会中也有一些孩子，一直过着饭来张口、衣来伸手的生活，凡事不论大小都离不开家长。他们过着舒适的生活，但是却不懂得这种生活来之不易，他们不了解家长的辛勤劳动，更不理解家长的拳拳爱心。这种孩子依赖性很强，生活能力很差，一切由家长包办，他们往往不珍惜家长的劳动成果，缺乏同情心，认为家长为他们所做的一切都是应当的。而当他们在生活中受到一点挫折或遇到一点困难时，心理上容易失去平衡，难以承受挫折。如果这种挫折和困难来自家庭，他们在感情上便很容易同家长发生对立，甚至出现叛逆行为，对于这样的孩子，父母一定要尽早改变教育方法，不能继续对其溺爱，要帮助孩子克服这种依赖心理。

7．与孩子交流工作情况

美国的许多城市设有"爸爸日"、"妈妈日"，在这一天，父母会带着孩子一起去上班，让孩子有机会了解父母工作的内容及辛苦，这种行为对于增进亲子互动有很大帮助。父母认真工作的态度也会成为孩子的典范，亲子互动活动还会让父母与孩子增加许多话题。

8. 培养责任心

孩子喜欢模仿父母的行为，比如，孩子对做家务充满了兴趣，父母此时若能为孩子预备合适的工具（如小尺寸的扫把、拖把、吸尘器等），并且给孩子规定适当的劳动任务（孩子力所能及的部分），孩子就可以从做家务的过程中逐渐培养出责任感。还有很多男孩很喜欢运动，父母通过运动也可培养孩子的责任心和坚韧不拔的精神。

9. 给孩子安全感和积极的心理暗示

要满足孩子对父母基本的心理依赖需要，比如平时多给孩子充分的关心和爱抚，使他在心理上有安全感。同时，要多用积极的心理暗示，带给孩子积极的看待事物的认识和体验。

10. 对于孩子提出的要求，要给予及时的反应

对于孩子提出的要求，父母不要无缘无故地拖延答复，或是既不肯定又不否定，更不能态度粗暴地加以拒绝。对于孩子不合理的或无法满足的要求，父母要坚决表明自己的态度，并说明拒绝的理由。

总之，父母不能"惯孩子"，不能纵容孩子，不要替孩子做他自己能够做的事情。如果孩子已经出现过分依赖父母的表现，

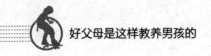

父母就应采取一些措施，坚决、明确地对孩子提出公平、合理的行为要求，耐心地纠正孩子的依赖行为和心理，当孩子能独立完成自己的事时，要及时给予表扬。

第二章
男孩要有阳刚气

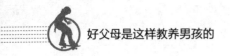

⚾ 历练阳刚之气

男孩长大成人后要独立生存，并成就一番事业，必须要有健全的男性人格和气质。生活中经常有人说："男孩要有男孩的样，女孩要有女孩的样。"那么，男孩应该是什么样的呢？简而言之，男孩应有阳刚之气。

父母要培养男孩的阳刚之气，关键在于气概，包括冒险精神的培养，"天下兴亡匹夫有责"的强烈责任感的培养，大公无私、敢于作为的精神的培养，以及"富贵不能淫，威武不能屈"的操守的培养。当然男孩也需要培养细心和耐心等品质。

男孩和女孩在生理发育、言行举止、对事物的感知等方面都存在差异，父母要注意这种差异，不能抹杀差异性，要把差异控制在合理的度上。现在不少男孩从外在的穿着打扮到兴趣爱好，都朝着女性化倾向发展，大街小巷及公共娱乐场所甚至还能见到浓妆艳抹的小男童，有些父母认为把小男孩如此打扮是时髦现象。而有些男孩，不但外表上打扮得像女孩，而且在性格、脾气方面也趋于女性化，有些即使从表面看不失为男子汉的小男孩，但心理上却多少受到女性化的影响。

那么，怎样把一个幼稚的小男孩培养成一位真正的男子汉呢？这是众多有男孩的父母需要思考的问题。

心理学家认为，父母要培养男孩的阳刚之气，就要从以下几方面着手：

1. 自信心

只有当一个人相信自己有能力去迎接各种挑战时，他才有可能战胜困难。所以，父母要注意培养男孩的自信心，要善于发现孩子的天资和才能，有意识地去引导他，鼓励他对成功抱有信心。

2. 热情

对大多数孩子来说，热情是生而有之的，但真正的热情不是3分钟热度，而是持之以恒地为某一件事而努力。所以，热情也

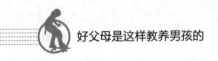

是后天长期培育的结果。父母要十分注意培养男孩的热情，因为热情是一个人成功的基础。

3. 富有爱心、同情心

家庭对于孩子来说是第一课堂，如果孩子所在家庭的成员经常互相关心，互相爱护，那么，孩子幼小的心灵中自然会播下富有爱心、同情心的种子。

4. 灵活应变能力

应变能力在当今和未来的社会中都是一种十分重要的能力。父母培养孩子适应能力的最好方法是经常带孩子参加各种活动，适应不同的环境，以此养成灵活的应变能力。

5. 不惧怕失败

敢于迎接挑战的人，是乐观主义者。父母要从小教育孩子："虽然这次你遇到了失败，而且以后可能还会遇到第二次、第三次，但只要你不断努力，最终会获得成功的。"这样，当困难真的到来时，孩子就会敢于面对现实，临危不惧，不怕失败，从而形成坚强的性格。

6. 提高个人素质

个人素质包括很多，但这几项是主要的：（1）人格心理素质培养，包括意志坚强、恪守承诺、人格健全、善于交往、能快速适应环境等。（2）个人责任素质培养，包括关心他人、关注社会、目标明确、乐于助人、具有奉献精神等。（3）领袖创新素质培养，包括敢做敢当、自主积极、善于创新、果敢坚韧等。

上述这些性格特征和品质并不是人与生俱来的，而是在身心发展过程中逐步形成的，要靠后天的悉心培养。男孩如果缺乏必要的气质和素养，就会遇事瞻前顾后，不果断，有依赖思想。所以，父母要从小把男孩当作男子汉，不仅教孩子"做事"，而且要养成与他平等对话的习惯，这样，孩子就会向家长期望的目标努力，成为真正的男子汉。

孩童时期是塑造和优化男孩阳刚性格的关键时期，父母一定要重视这个时期，在教育过程中可根据以下几个原则对孩子进行性格锻炼和塑造：

（1）循序渐进原则。

莎士比亚说："金字塔是用一块块石头堆砌而成的。"同样，孩子优良性格的形成需要一个长期循序渐进的过程，而孩子不良性格的克服也需要父母及孩子长期不懈的努力。心理学研究表明，人的性格是一种相当稳定的个性特征，这种稳定性决定了性格的形成和转变只能是一个缓慢的渐进过程。比如，一个一向心急火燎、办事急躁、快手快脚的人，要他一下子变得稳重镇定、泰然自若，那是很困难的。同样，一个心胸狭窄、性格暴躁的人，要他马上变得雍容大度、豁达宽容，也不是立刻能办到的。因此，无论是改善不良性格，还是塑造优良性格，都必须坚持循序渐进、"大处着眼小处做起"的原则。

（2）渐变转化原则。

情绪对性格的形成和转变具有诱导感染作用。比如，一个性格暴躁、个性很强的人，可以通过努力保持安定平静、从容不迫的情绪，使自己经常保持心平气和的心态，以促进暴躁性格的转变。一个人如果能消除烦恼、愤怒、急躁等不良情绪，对克服急躁易怒的不良性格肯定是有好处的。而积极的情绪越频繁越持久，对良好性格的形成和培养也就越有利。

（3）以新代旧原则。

人的不良性格形成后，要改变它，可不是一件容易的事。古人说：江山易改，本性难移。因此克服不良性格办法之一就是从培养新习惯入手，用新的习惯来克服和改变原有的性格弱点。习惯是性格形成的基础，一个人性格中的很大一部分，实际上就是一种已经习惯了的行为方式。人有什么样的性格，就会有什么样的习惯，反之亦然。只要家长对孩子的教育持之以恒，坚持不懈，不断以新的良好习惯去取代旧的不良习惯，那么孩子优良的性格就能逐步形成并巩固下来。

（4）积累性原则。

孩子的性格，一般表现为稳定性和临时性两种不同状态。稳定性状态始终存在于孩子的性格特征之中，而临时性状态仅存在于某一特定的环境和过程之中，一旦环境和条件发生变化，临时性状态便不复存在。

比如"勇敢"这一性格特征，在有些孩子身上表现为一种具有稳定性的性格，即不论在什么情况下，他都是勇敢的；而在有些孩子身上则仅为一种临时性状态，即他只是在某地某时某事上才表现出勇敢的性格特征。当然，临时性状态是不稳定的，一旦环境条件发生变化，它就会消失。但这并不是说，临时性状态和稳定性状态是互不相容、不能相互转化的。如果父母有意识地把临时性状态作为培养孩子良好性格的起点，并使这种状态始终保持下去，积累起来，使之逐步成为稳定性状态，那么，就能达到优化孩子性格的目的。

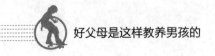

（5）自我修养原则。

性格优化的过程，从根本上讲，就是孩子自我修养水平不断提高的过程，这两者是相辅相成、密切相关的。为此，父母在教育孩子时要注意对孩子自我修养的培养，比如要以坚强的毅力对孩子进行严格锻炼；比如教会孩子自我控制，自我激励，自我监督，自我约束；比如要善于抑制孩子的不良习惯，克服不良欲望等。

坚强的性格是孩子受益一生的财富

　　心理学家指出：坚强的性格是一个人走向成功的资本和阶梯。有研究表明，一个人即使智力水平很高，但如果缺乏坚韧不拔的坚强意志，仍然会一事无成。所以，父母培养男孩坚强的性格，历来是家庭教育的重要任务之一。可以这样说，男孩能否形成坚强的性格，是家庭教育成败的重要衡量标准，坚强的男孩，不仅会努力学习、不断提高自己的能力和修养，而且能在未来的日子里更好地独立工作和生活，勇于面对困难，做到有责任、有担当。

　　心理学家指出：坚强的性格是一个人人格健全的重要标志。要培养男孩坚强的性格，父母责无旁贷。心理学家认为父母必须懂得坚强的性格对男孩未来发展的影响，否则，难以培养孩子坚

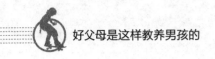

强的性格。

1. 坚强的品质对人的良好品德的形成具有重要影响

对男孩而言，坚强性格的培养与良好品德的形成关系重大。德育过程是培养一个人的知（指道德观念，即对是非、善恶的认识和评价）、情（指道德情感，即对事物的爱憎、好恶态度）、意（指道德信念，即为实现一定道德目的所做出的顽强努力）、行（指道德行为，即在道德规范的调节下在行动上对他人、对社会做出的反应）的过程。这四个要素互相联系、互相渗透、互相作用、缺一不可，最终见之于行动，而其中坚强的性格起着重要的作用。因为，一个人如果仅仅有认识和情感体验，没有坚强的性格，就很难由"知"达到"行"。所以，坚强是培养良好道德行为的首要因素。而缺乏坚强的性格，就难以形成良好的品德。坚强性格的培养是自我道德修养的一个重要方面。

2. 坚强的品质是人立志成才的基础

坚强的品质是人的事业有所成就、工作取得成功的重要保证。坚强的人才能成为生活的强者。一个人要立志成才，要在事业上有所成就，就必须坚强。因为人生道路总有坎坷，生活的大海总有波涛。坚强的品质是成功的基础，孩子要从小培养坚强的品质，尤其是男孩。比如，男孩摔倒了父母不要去扶，让他自己爬起来，等等。

3. 坚强的品质对人的学习很重要

孩子从懂事起就踏上了学习的旅途。学习是人一生的功课，古语说：活到老，学到老。孩子不仅要从书本上学习，还要从生活中学习。在学习过程中，孩子会遇到重重困难，因此父母要教会孩子坚强，如果孩子不坚强，遇困难退缩，遇坎坷放弃，孩子长大后就成不了才。

而孩子在克服学习困难时，需要有坚强的毅力。有数据显示，在大体相同的环境和教育条件下，凡具有坚强品质的孩子，学习成绩较好，能力提高较快；而意志薄弱的孩子，则成绩不佳，难以充分发挥自身的能力。

现今，很多人把成功比作一座大厦，而坚韧不拔的毅力，就是撑起这座大厦的柱石。柱石越牢固，大厦越稳。所以，性格坚强、不怕困难的男孩，长大成人后才能取得成功。父母要从小培养孩子勇于面对挑战、克服困难、坚韧不拔的顽强精神，要让孩子在困难面前没有畏惧情绪，而且坚定地认为困难是可以克服的，障碍是可以逾越的，逆境是可以扭转的。

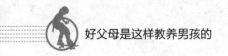
培养"抗挫折力"

孩子要想适应未来生活，要想在未来社会中发展得更好，就必须具备良好的心理素质和精神状态，要能够经受得住外界环境的考验，在压力面前坚持自己的追求和信念。

父母必须从小就应让孩子清楚：在成长的道路上，谁都不会一帆风顺。成长往往是与艰难困苦、挫折逆境相伴而来的。父母要尽量在孩子小时候多为孩子"创造困难和逆境"。因为如果孩子不能解决"困难""逆境"中的问题，也就意味着孩子无法适应未来的社会。

有一名教授的儿子，从小学到高中父母只让他学习，从不让他做家务，甚至禁止他和其他朋友玩。他的学习成绩一直名列前茅，他似乎在学习上从来就没输给过其他人。然而上了重点大学之后，这个男孩在众多的"尖子生"中很难再独占鳌头，而且他不仅学习成绩下降，在人际关系处理上也屡屡受挫，他的心理受到重创，甚至产生了厌学的心态。

孩子在竞争性很强的社会中成长，会不断地体验到两件事：成功和失败，顺利和挫折。作为父母，当孩子面对失败、挫折时，教会孩子采取正确的态度十分重要。

当孩子受到挫折或失败时，父母应该耐心地启发和教育孩子，让孩子从中学到做人处事的方法，吸取教训，总结经验。做事不成功或犯错误，对孩子而言其实是很好的学习机会，也是家长教育孩子的大好时机。不少家长在孩子做事不成功或犯错误时，对孩子大加谴责或恐吓，试图用这种方法避免孩子再犯同样的错误。然而，这些做法的效果往往适得其反。孩子会因害怕受责骂不敢再冒险，由此失去尝试新事物的热情及胆量；有的孩子还会产生逆反心理，反其道而行之。假如家长处理得当，把孩子犯的错误转变成学习的好机会，教给孩子正确的做法，让其学会从错误里吸取经验教训，孩子就不会因为犯了错误而沮丧、气馁，而是从错误中积累经验和勇气，不再把错误看成是坏事。

此外，父母应当锻炼孩子，培养他接受生活中的失败和受挫折的勇气，不要产生畏难情绪以及不敢再去尝试的想法，要教会孩子如何接受挫折和失败的现实，调节自己的情绪，对未来充满希望。

任何失败都只是一个过程，都是一个从学习到成功的过程。父母要教育孩子有勇气面对不理想的结果，对于孩子犯的错误，只要孩子善于从错误中获得经验和教训，及时改正错误就行了。父母在孩子犯错和失败的时候，不要对孩子说："你怎么搞的？怎么把事情给弄糟了？"或者认为孩子是有意调皮捣蛋，于是大发脾气，怒气冲天，这样只会让孩子更加害怕犯错误，从而失去了从错误中学习的机会。

就像孩子学走路的时候总会摔跤，失败和挫折孩子总有一天会遇到。父母希望自己的孩子在"摔跤"时不哭，更希望他在生活的考验面前保持微笑。心理学家把这种微笑面对挫折的能力叫作"抗挫折力"，即人可以像球一样，每一次被拍打后都能高高弹起，不管这种打击是来源于哪方面的。

美国儿童心理学家曾经教给男孩的父母们一套"调整——挑战——承诺"的办法，来帮助孩子渡过困境。"调整"是指帮助孩子了解"困难并不等于绝境",比如,父母可以对孩子说:"爸妈知道你在幼儿园没评上小红花很不高兴,但我相信你下学期会更努力,一定能得到小红花,可能还会被评上'三好孩子'呢。""挑战"是指让孩子学会在遇到困难时要不畏难,在不好的事情中看到好的一面,比如:"爸妈知道你转到新的幼儿园以后一个小朋友都不认识,你很不开心,但我们知道你不管到哪里都能交到很多新朋友。""承诺",是指父母可以用"承诺"的方式帮助孩子看到生活中更为广大的目的和意义,比如:"爸爸没来看你和小朋友玩,你一定很伤心,但爸爸知道你和小朋友玩得非常非常开心。"

此外,父母还要明白,幼儿园、学校并不是培养孩子抗挫折力的唯一场地,家庭教育对孩子会起到很大的作用。有些父母认为家庭教育只是幼儿园、学校教育的辅助,实际上,孩子的基本素质和综合能力不仅在学校中可以学到,而且在家庭教育中也可培养出来,而这些素质和能力在孩子走向社会后会得到更充分的运用和发展。

1. 父母要转变对挫折的消极认识

很多父母认为,孩子年龄小、心理承受能力差,因而只能接受良好的环境。他们认为挫折只会使孩子痛苦、紧张，故而把挫折看成是百害而无一利的事。其实，孩子特别是男孩受些挫折，是很有好处的。因此，父母应正确看待挫折的教育价值，把它看成是帮助孩子磨炼坚强意志、提高适应力和竞争力的有力武器。

2. 要正确实施挫折教育

（1）言传身教

父母要有选择地将自己在事业和家庭生活中遇到的挫折和不如意告诉孩子，并为孩子正确对待各种挫折和不如意树立榜样。父母对生活的热爱、执着、不怕困难的精神和坚强的意志，对孩子而言是最好的教育。

（2）创设"挫折情境"

优越的环境会使孩子变得依赖，懦弱，遇事退缩，缺乏顽强的进取精神，经不起挫折的打击。父母应在孩子的成长过程中有意识地创设"挫折情境"，让孩子在战胜挫折的过程中习得适应能力。

比如，父母可以让孩子适当参加各种劳动，在劳动中有意锻炼孩子的吃苦精神；父母可以在孩子做游戏的过程中，让孩子学会接受失败和不如意等。父母要让孩子明白"天外有天、人外有人"的道理，要经常把孩子放在强手云集的大环境中（如参加各种竞赛等）去锻炼，这样既可克服孩子的骄傲心理，催其奋进，又能让其在体验挫折的活动中，增强心理免疫力。

父母在创设"挫折情境"时要把握好挫折的度，使之既有利于提高孩子的适应能力、增强其韧性，同时又不至于超过孩子的心理承受限度而产生反作用。

（3）切实提高孩子各方面的能力。

孩子抗挫折的能力与其知识、经验的增加及各种能力的提高是成正比的。所以，父母应有意识地拓展孩子的此类知识，如他人在逆境中成长的事例和经验，以切实提高孩子的自理能力、交际能力、学习能力和应变能力，为他独自战胜困难提供勇气和方法。

（4）培养孩子良好的性格。

父母要教育孩子在遇到困难时正确分析原因，而不是退缩逃避。父母要告诉孩子，世上没有什么事情能把人难倒，有了困难不要逃避，要努力去解决。父母要引导孩子一分为二地看问题，做到胜不骄、败不馁，遇事不能患得患失，而应乐观开朗，并且帮助孩子用合理的方法疏导消极情绪，使孩子保持积极快乐的心

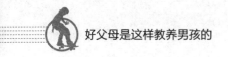

境，养成不畏困难、坚强、自信、豁达、果敢的性格，拥有很强的抗挫折、抗打击能力，在遇到挫折时要有"输得起"的心态。

3. 让孩子学会从失败中学习

孩子在成长的过程中犯错误或者遭遇失败在所难免，父母无须因此大惊小怪甚至生气动怒。如果父母有任何不良情绪的表露，只会使孩子惊慌失措，在困难面前裹足不前。因此，无论孩子犯了什么样的错误或者遭遇什么样的失败，父母都应持温和开放的态度，让孩子明白失败和错误在所难免，要帮助他从错误和失败中吸取教训，并鼓励他继续新的尝试。

如果孩子从小养成不怕挫折、不怕打击的个性，他就会在今后的成长道路上不断克服困难，达成自己的目标。还有，当孩子"碰了钉子"或受到委屈、被人欺负时，父母切记不能"挺身而出"，急切地替孩子解围。因为这样只会助长孩子依赖和退缩的毛病，使其形成"一遇事就找父母"的思维定式，这对孩子的心理成长和解决问题能力的培养有百害而无一利。

⊕ 远离自卑、自怜心理

儿童心理学家认为，孩子的自卑、自怜心理往往是自我评价过低导致的。一些自卑、自怜的孩子，往往认为自己处处不如他人，认为自己这也不好、那也不行。自卑、自怜者不能全面、客观地评价自己，他们往往拿自己的缺点和别人的优点相比，看不到自己的长处，却总是对自己的短处和缺点过分夸大，形成消极的自我认知。

生活中，很多男孩存在着自卑心理，他们看不到自己的长处，总觉得自己不如别人。他们对自己各方面的评价都很低，有的孩子甚至在父母面前也会感到自卑、自怜。这种性格会给孩子身心发展带来极其严重的影响，如果孩子存在这种心理，父母必

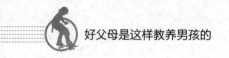

须努力帮助孩子对其加以克服。

那么，在生活中，父母该如何教导孩子消除自卑感，变得自立自强呢？以下几点建议可供借鉴。

1. "宠出"孩子的自信

"知心姐姐"卢勤在《告诉孩子，你真棒！》一书中这样写道："成功是一种感觉，一种态度。'我能行'是成功者的态度，'我不行'是失败者的态度。人如果改变了态度，由'我不行'变为'我能行'，就会获得成功的感觉，最终改变自己的命运。"

的确，当孩子缺乏自信时，对于自己的合理要求也不敢去争取，比如即使自己的玩具被其他小朋友抢走也不敢要回来……这样的孩子，在现今社会是很难生存的。

现今社会是竞争的社会，懦弱可能是孩子需要克服的最大障碍。其实，所有的婴儿都会害怕黑暗，怕从高处跌下……男孩也有类似的问题，只是他们天性中有更多对抗懦弱的成分（例如冒险欲和攻击性），因此，父母对于男孩的教育应以帮助他们摆脱懦弱心理为第一要义。而要做到这一点，"宠"出孩子的自信很重要。

小秀画画，画得乱七八糟，小秀很生气，父母却笑笑说："其实你的歌唱得特别棒，每个人都有自己的长处。"父母一直"宠"着小秀，直到现在，小秀长大成人，成为一个特别自信、充满阳光、性格开朗、爱钻研爱研究的男子汉。

由此可见，父母对孩子适当的鼓励和称赞，有助于孩子建立起自信心，勇敢地朝着自己的目标努力。

2. 帮助孩子正确地认识、评价自己

父母要引导孩子正确认识自己，恰当评价自己。孩子形成自卑、自怜的心理，最主要的原因是不能正确认识和评价自己，因此父母要消除孩子的自卑、自怜心理，必须从改变其自我认识入手。

父母要引导孩子发现自己的长处，肯定自己的成绩，不要把别人看得十全十美，把自己看得一无是处。也就是说，父母要引导孩子培养自己的自信心。例如，父母可引导孩子经常回忆那些经过努力最终取得成功的事情，对一些做得不好的事情要教孩子进行自我分析、总结，同时对自己说"不要紧，别人也不见得就能做好，自己再努力一把也许会把事情做好"。还有，父母要教孩子注意捕捉他人对自己积极的评价以增强自信心。

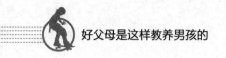

3. 帮助孩子克服内向性格

通常性格内向的孩子比较容易自卑、自怜，父母要使孩子的性格逐渐变得外向些，可以让他多参加一些集体活动，主动与别人接触。

性格内向的孩子常常把痛苦、烦恼统统闷在心中，时间越长，性格就会变得越内向。因此，父母要多和孩子沟通，经常和孩子谈心，帮助他排遣不良情绪，使孩子的心情变得轻松、愉快。

另外，父母要培养孩子多方面的兴趣和爱好。因为，孩子的兴趣广则交际广，有益于活泼、开朗性格的形成和发展，同时还能学到许多知识，培养多种才能。

4. 引导孩子正确地看待竞争

有竞争，就会不可避免地出现胜利者与失败者，这是正常现象。在竞争中失败并不丢人，强中自有强中手，况且胜利和失败、超前和落后的状态不是一成不变的。父母要教导孩子对竞争的本质有正确的认识，尤其是看到同龄人比自己强时，不要认为这是一件令人惭愧的事，而应冷静地反思一下自己落后的原因。父母要鼓励孩子积极参与竞争，但不把成败当作证明自己的唯一手段，不把与他人比较的结果作为影响自信心的唯一因素，要认识到自己和别人各有各的优势，无法完全比较，要教会孩子善于发现自己的长处，肯定自己的成绩。

5. 让孩子学会自我激励

自卑、自怜的孩子一般心理都比较脆弱，这样的孩子在遭受挫折的打击后容易一蹶不振。因此，父母要让孩子学会自我激励，让孩子先给自己设定个小目标，鼓励孩子完成。目标不能设定得太高，因为太高的目标只会让孩子一次又一次地遭受挫败。如果定的是一个适当的目标，那么，孩子就容易获得成功，这对孩子来说，也是一种很好的激励，有利于提高他的自信心。而当孩子能够达到自己所定的目标之后，父母可以协助孩子调整自己的目标，一步一步地朝前走，在不断成功的激励中，孩子的自信心会不断地增强，同时，自我激励的意识也就慢慢养成了。

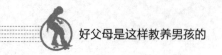

克服自卑的弱点

心理专家认为，一个人自卑性格的形成往往源于儿童时代的经历。自卑对于孩子的心理会产生负面影响，甚至对孩子的身体健康也有消极作用。事实证明，一个人在人生的道路上能走多远，在人生的阶梯上能爬多高，在人生的战场上能够取得多大成就，最关键的决定因素就是能否做到不自卑、不逃避、敢于面对、敢于挑战。因为自信是人的精神支柱，而一个经常蜷缩在角落里为自己不如别人而悲伤的人，很难主动采取行动去追求成功。人只有不自卑才能激发自己的潜能，从而成长为人才。

男孩生性好动、顽皮、胆子大、好奇心强，甚至还有点儿"野气"，男孩容易因心理不成熟，不能接受别人比自己强而产生逃避心理。有这种心理的孩子常常因一些小事没做好或犯了错害怕被指责而选择逃避。

自卑的孩子面对竞争和挑战通常采取逃避态度。他们原本愿意与人交往，但是又怕被人拒绝；想得到别人的关心，又因为害羞不敢亲近别人。由于逃避的心理，他们做事时信心不足，于是难免失败。而一旦失败，他们又陷入深深的自责，从而更加自卑，更加逃避，形成一个恶性循环。

父母在孩子的成长过程中，一定要关注自己的孩子有没有逃避的心理，一旦发现，应尽早帮助孩子克服和纠正，以免孩子随年龄的增长最终形成自卑性格。自卑的孩子经常情绪低落，或者无缘无故地郁郁寡欢，有些孩子还会有以下特征：

1. 过度怕羞

孩子怕羞很正常，但若怕羞过度（比如从来不敢面对朋友唱歌，不愿抛头露面，不敢接触陌生人等），则其内心深处可能隐藏着强烈的自卑情绪。

2. 拒绝交朋结友

一般来说，孩子都喜欢与同龄人交往，而且十分看重友谊，但具有自卑心理的孩子往往因为害怕被他人拒绝而对交朋结友兴

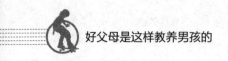

趣索然。

3. 难以集中注意力

自卑感强的孩子在学习或做事时往往难以集中注意力，或只能短时间地集中注意力。这是孩子自身的自卑心理在作祟。

4. 经常疑神疑鬼

自卑的孩子对于家长、教师、伙伴对自己的评论往往十分敏感，特别是别人对自己的批评，更是感到难以接受，甚至耿耿于怀。长此以往，这种不良情绪还有可能发展到疑神疑鬼的地步，甚至无中生有地怀疑他人不喜欢自己。

5. 过分追求表扬

自卑的孩子尽管自感低人一等，但往往又比其他孩子更渴望得到家长和教师的表扬，甚至可能采用不诚实、不正当的方式获取表扬，如弄虚作假、考试作弊等。

6. 贬低、妒忌他人

自卑的孩子常常贬低、妒忌他人，这是他减轻自己因自卑产生的心理压力、宣泄情绪的渠道。

7. 自暴自弃

自卑的孩子往往会表现出自暴自弃、不求上进的精神状态，认为反正自己不行，努力也是白费。更有甚者，还可能表现出自虐行为。而父母若不懂孩子心理，肆意指责，不分场合批评，就会加深孩子的自卑感，造成更加严重的后果。

8. 回避竞争、竞赛

虽然有些自卑的孩子十分渴望在考试、体育比赛或文娱竞赛中出人头地，但又无一例外地对自己的能力缺乏必要的自信心，因而断定自己绝不可能获胜。因此，绝大多数自卑的孩子都回避参与任何竞赛，有的孩子虽然在他人的鼓励下勉强报名参赛，但往往在正式比赛时又会临阵脱逃，甘当"逃兵"。

9. 语言表达能力较差

据专家统计，超过80%有自卑表现的孩子的语言表达能力较差，具体表现为口吃、表述不连贯、表达时缺乏情感、词汇贫乏、逻辑不强，等等。心理学家认为，这极有可能是因为强烈的自卑感阻碍了大脑中语言学习系统的正常工作。

10. 对挫折或疾病难以承受

自卑的孩子大多不能像正常孩子那样承受挫折、疾病等消极因素带来的压力，即便遇到小小的失败或疾病也觉得痛不欲生，对家庭搬迁、亲人过世、父母患病等意外感到无所适从。

如果孩子出现了上述特征，父母就要注意分析，自己的孩子是不是有了自卑心理，如果认为是，要尽快采取积极有效的措施，及时帮助孩子纠正不良的性格倾向。那么，父母应该如何帮助孩子克服自卑的性格，更自信地面对生活，面对未来呢？下面的几点建议值得家长借鉴：

（1）父母要时常自我反省。

父母要自省：是否因为孩子平庸而暗自失望？是否因孩子有些笨拙而对他屡加训斥？是否认为自己的孩了笨？

孩子对自己的认知和评价多数来自父母对他的看法和态度，若父母能使孩子确信自己受到爱护和认可，孩子便会相信自己有价值，就不会产生自卑心理。生活中，父母对孩子稚嫩的思想和脆弱的心理要时时加以保护。比如，父母在交友或接待客人时应让孩子加入进来，平时父母应多花时间向孩子介绍好书，或者同他一起进行放风筝、打球等亲子互动类活动，多倾听孩子的心声，让孩子从内心感受到父母对自己的爱和认可。

（2）不要总是批评孩子。

父母在教育孩子时不要没完没了地批评，以免打击孩子的自信心，使其养成自暴自弃的习惯。许多孩子知道自己能得到父母的宠爱，但不一定能从父母那里得到更多的认可；孩子知道父母愿意为自己付出一切，但却又察觉到父母总是不相信他的能力。比如，当孩子与客人说话时，父母会让他走开，认为他影响大人之间的交流；或者孩子想帮父母做家务，但做得不好，父母便唠唠叨叨指责他。父母的态度对孩子的心理有极大影响，如果父母总是批评孩子，孩子就会认为自己确实不行，就会产生自卑心理。

（3）帮助孩子发挥自己的特长。

父母要想帮孩子克服自卑心理、树立自信心，最重要的一点就是找到孩子的特长和优势，并使其充分发挥。或许孩子适合做音乐，或许孩子能做飞机模型，或许擅长打篮球，父母要善于发现孩子的兴趣和潜力所在，并进行充分的发掘和培养，在此过程中，孩子的自信心会逐步建立起来。

（4）让孩子学会正确对待竞争。

竞争是每个人都必须面对的事。父母有责任帮助孩子学会正确对待竞争。父母应多带孩子参与竞赛活动，在竞争中帮助他尽其所能，如果输了，要引导他正确对待，跌倒了让他再爬起来。如果他在竞争中陷入困境，父母也要帮助他寻找摆脱困境

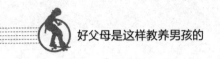

的方法。

（5）帮孩子制订适当的目标。

父母为孩子制订的目标，如果孩子经过努力仍不能完成，父母就应降低标准。父母不能要求一个身体差的孩子立刻成为一个运动健将，因为过于严格的要求和难以实现的目标势必会影响孩子的自信。当然，父母也不能采取放任的态度，放弃对孩子的要求。父母要多关注孩子在各种场合的表现，合理评估孩子的能力和兴趣，在此基础上帮助孩子制订适当的目标。

（6）指导孩子学会正确"补偿"自己。

这里所说的"补偿"，包含两层意思。一是以"勤"补"拙"。父母要告诉孩子，世上无难事，一勤百事成。二是扬长补短。父母要告诉孩子，只要把自身的缺陷当作改变的动力，就会取得更大的成就。父母在教育孩子时一定要摒弃说教的习惯，多采用现身说法的方式，让孩子能真正地理解。

（7）教会孩子接纳自己。

父母要经常肯定孩子，经常表达自己对孩子的爱。同时要设计一些情景，教会孩子肯定自己、爱自己，找出自己的优势，发挥自身的潜能。

父母在日常生活中要多进行亲子互动。要让孩子明白，许多事情别人之所以能做到，是因为别人付出了努力，如果自己也努力去做，就一样能做到。人最重要的是克服自卑心理，学会先接纳自己，对自己有肯定的评价，找出自己的优势，拥有勤奋、刻苦、不畏难的精神，只要如此，就能成功。

勇于探索、勇于尝试

在日常生活中，大多数父母总是要求孩子小心谨慎、不要冒险，尤其有些父母对自己的儿子也是这样要求。小心确实会使孩子在生活中"摔的跤"少一些。但是，如果父母过于强调小心谨慎，以致孩子处处谨小慎微，不敢接触新事物，这也是要不得的。因为一个人要想成功，既要有谨慎的性格，也要有勇于探索、勇于尝试的精神。

鼓励孩子有一定的冒险精神，有克服胆怯的勇气，有与别人一比高低的信心，是十分重要的。父母平时要多鼓励孩子积极参加有挑战性的活动，这无疑会给孩子将来的人生发展带来很大的益处。父母还要尽力消除孩子害怕未知事物的心理障碍，培养孩子敢于探索和尝试的精神。

1. 要让孩子敢于尝试新事物

鲁迅是20世纪中国最伟大的文学家、思想家，他对许多问题的看法都入木三分。尤其他对孩子的教育有许多闪光的见解。他曾以"小儿学步"为例，深刻揭示了尝试的意义。

他说："孩子初学步的第一步，在成人看来，的确是幼稚、危险、不成样子，或者简直是可笑的。但无论是怎样的愚妇人，都是以急切的充满希望的心，看他跨出这第一步，决不会因为他的走法幼稚而阻止他；也决不至于将他禁在床上，使他躺着研究到能够飞跑时再下地。因为她知道：假如这么办，即使长到一百多岁孩子也还是不会走路的。"

鲁迅指出，一个人如果没有尝试，永远不能掌握任何新事物。因此，鲁迅对于长者提出了自己的要求："长者必须是指导者、协商者，而不该是命令者。"

孩子天生就是积极的、好动的，他一睁开眼睛，就尝试着到处看。当他能控制自己的动作时，他喜欢到处爬，到处摸，什么都拿起来咬，大人做什么，他也模仿着做什么。当然，因为很多事情他是第一次做，所以很容易出错。如果孩子每次尝试都受到父母厉声呵斥"不准……不行……"或大惊小怪地惊呼"危险！不要……"时，孩子就好像被电击了一样，久而久之，孩子就学"乖"了，哪儿也不去碰，不去摸，不去试，认为这样才是大人眼中的"好孩子"。当孩子再长大一点儿，就渐渐地变成该做的事情也不敢做了。

所以，父母如果不想让孩子变得怯懦、消极，想让他保持自信和积极进取的精神，就应该记住：当孩子做出某种尝试时，只要不是危险的动作和损害别人利益的事，就应该鼓励，并且提供机会让他大胆尝试。父母要让孩子明白，谁都有失败的时候，但失败并不可怕，只要鼓起勇气继续努力，就能成功。这样，孩子每次尝试做一件事情时，他得到的就会是奖励而不是限制、制止，这样他会很有自信，会勇敢地面对新事物、新挑战。长大之后，他会很自然地成为一个勇敢、乐于尝试新事物、积极向上的男子汉！

2. 设置一些场景，激发孩子的探索精神

父母在设置培养孩子探索精神的场景时，应先琢磨清楚孩子的思维，站在孩子的立场上换位思考，这样才能取得更好的效果。

比如：孩子1岁左右刚学走路时，父母就要鼓励他独立前行，即使摔倒了，也要鼓励他自己爬起来继续独立前行。孩子3岁左右开始上幼儿园时，父母要教他识路，要帮助他记住一些交通法则，并在交通状况不是很复杂的情况下，采取尾随父母的方式，让他独立前行到距离较近的目的地。与此同时，在安全有保障的前提下，让孩子独立玩秋千、玩滑板等。在孩子五六岁时，在确保安全的前提下，父母可以鼓励孩子学游泳、学骑自行车，还可以鼓励孩子去防空洞里玩游戏。当然，在各种条件允许的情况下，也不妨让孩子坐坐过山车，参加滑雪、登山、高台跳水和漂流等活动，让孩子玩玩"心跳"运动，让孩子在紧张刺激的运动中，变得更坚强、更勇敢、更富探索精神。

3. 给孩子适当"冒险"的机会

父母对孩子的探索和尝试精神的培养不能只停留在口头说教上，而需将教育内容贯穿在日常生活中，使孩子在生活实践中得到锻炼和提升，只有这种潜移默化的教育才能影响孩子的一生。对此，教育专家有两条建议。一是"放手"。如果家长能够大胆"放手"，多让孩子去体验、去锻炼、去实践，孩子的能力就能够得到增强，并且更愿意去尝试、去探索；反之，如果家长总是

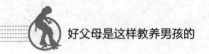

不敢"放手",不让孩子独立尝试新事物,久而久之,孩子会变得胆怯、内向,不敢再尝试新事物。二是多鼓励。孩子的一些"冒险行为"在父母看来是有些单纯、幼稚的,但这实际上都没关系,只要父母经常给孩子鼓励,多称赞他的行为,就能使孩子得到鼓舞,并逐渐养成勇于探索、勇于尝试的精神。

⊛ 克服拖延的恶习

生活中，遇事拖拖拉拉是人的惰性使然，而人如果被惰性所控制，久而久之，就会懒散成性，以致抱负落空、贻误大局。

很多人的惰性是小时候就养成的，办事拖延也是不少孩子常见的问题。"明日复明日，明日何其多。我生待明日，万事成蹉跎。"这首诗形象讲述了办事拖延的后果——一事无成。很多父母在看到孩子有拖延的习惯时，总抱怨孩子不能很好地管理自己的时间，每天无所事事。但父母在抱怨的同时，却忽略了自己的教育责任。比如，很多父母在培养孩子的时间管理意识时存在一些误区。所以，要想让孩子克服拖拖拉拉的习惯，更好地管理自己的时间，父母就要避免以下误区。

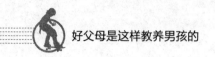

误区一：忽视零散时间

常言道，"一寸光阴一寸金，寸金难买寸光阴"。零散时间也是宝贵的光阴，过去了，就"时不再来"。著名数学家华罗庚说："时间是由秒积成的，善于利用零星时间的人，才会做出更大的成绩来。"所以，父母要以身作则，教导孩子珍惜并充分利用零散时间。

误区二：控制孩子的所有时间

很多孩子在幼儿园、小学阶段被家长安排了太多的任务，比如上各种兴趣班，学习练琴、跳舞、书法、绘画、武术、英语等。由于孩子天性爱玩，爱做的事孩子可以长时间去做，不爱做的事孩子就会拖延。因此，父母不能控制孩子的所有时间，要在与孩子协商的基础上合理规划时间，为孩子留出自由支配的时间，让孩子习惯在规定时间内做规定的事。

误区三：为孩子安排的学习时间过长

许多父母认为孩子作业做得太慢，因此不断地催促孩子、埋怨孩子，甚至惩罚孩子更长时间地学习。父母应该明白"水满则溢"的道理，所以应该给孩子一定的可以自由支配的时间，让孩子去做自己想做的事情。而培养孩子学习的主动性和积极性，则需要父母动动脑子，比如，让孩子有自由的时间，等孩子有了稳定和愉快的情绪时，再让孩子学习，这样孩子的学习效率就会提高，学习效果也会更加理想。

误区四：父母的错误示范

在很多家庭中，父母总是习惯主动为孩子承担一切杂务，结果不但使孩子失去了做事的兴趣，而且会让孩子对父母帮自己做事习以为常，孩子因此形成的惰性还会扩展到其他方面，比如让父母替自己完成作业、做手工、画画等。还有些家长本身就缺乏时间观念，没有养成节约时间的习惯和雷厉风行、果断利落的作风。这样的家庭环境也会严重影响孩子良好健康习惯的形成和良好行为的发展，促使孩子惰性的产生。

误区五：忽略了对孩子危机意识的培养

现在很多孩子缺乏危机意识，满足于现状，不去思考未来，这是因为他们思想不成熟，没有时间观念。所以，父母要注意培养孩子的危机意识，教育孩子珍惜时间。那么，父母该如何帮助孩子树立危机意识呢？（1）让孩子为自己做的事规定一个期限。（2）让孩子养成立即行动的习惯。（3）让孩子分清事情的轻重缓急，学会在一段时间内集中处理某一件事。（4）教孩子

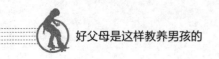

不要避重就轻。（5）让孩子学会把大任务分解成小任务。（6）让孩子学会每天做总结。（7）让孩子从小事做起，培养良好的生活习惯。（8）让孩子为自己树立一个理想的目标。（9）平时对孩子要严格要求，加强督促。（10）适当地给孩子一些鼓励或奖励。（11）适当地给孩子"加压"，激发出孩子的潜力。

父母是孩子人生的第一任老师，与孩子接触最多，对孩子的影响最大。因此父母要经常告诉孩子，时间会匆匆而过，生命绝不能浪费，要让孩子尽量利用每一分钟、每一秒钟的时间，去不断地充实自己，不断成长。

⊛ 训练忍耐力

心理学专家指出：忍耐力不是孩子与生俱来的能力。父母必须在孩子成长的过程中慢慢地培养孩子的忍耐力，这是一个相对漫长的过程。

父母要想让自己的孩子学会忍耐，首先要使他获得两种重要的能力：估量、理解时间的能力和领会因果的能力。除此之外，父母还要培养他承受挫折的能力和延迟满足的能力。心理专家研究发现，对孩子忍耐力的培养随着孩子年龄的增长而有不同的方法。

1. 视觉、听觉上的"等待"训练

婴儿的忍耐力很有限，这是其生存能力所决定的。一个婴

儿的全部需要(食物、保暖和安全)，必须通过别人给予满足，"哭"是婴儿向外界寻求帮助的一种必要信号。但是，即使是对于新生儿，父母也必须让孩子学会"等待一会儿"。父母不要以为婴儿太小、听不懂成人的语言，其实当婴儿听到人们的说话声时，就会开始考虑接下来将会发生什么。几个月大的婴儿在听到人们对自己说话时，就会停止烦躁，因为孩子知道这是自己的需求即将得到满足的一种前兆。所以，父母多和婴儿说话能培养婴儿延迟满足的能力。

父母要记住：对于一个婴儿来说，忍耐的极限可能只有两三分钟。父母如果不能及时地满足孩子的需要，孩子的哭声就会逐渐升级，并且会将已经学到的所有关于忍耐的要求忘得一干二净。如果父母的反应足够迅速而且具有一致性，那么，婴儿就会相信自己的需要会很快得到满足，就会耐心地等待。这样父母就赢得了孩子的信任。父母通过这样训练还可使孩子下次等待更长的时间，逐步提升孩子的忍耐力。

对于稍长些的孩子，父母训练孩子的忍耐力可分阶段，一般采用如下方法：

（1）利用视觉上的辅助手段，帮助孩子理解时间的概念。

对于3岁的孩子，当他提出想出门玩要时，父母可以拿出一个苹果说："再等一下，等爸爸妈妈吃完苹果再出去。"然后让孩子也吃一小片苹果，同时与孩子亲切地交谈，跟他讨论一下出去能见到哪些小朋友或小动物等他感兴趣的话题，这样能让孩子感受到等待中的小乐趣，更容易培养孩子的忍耐力。

对于5~6岁的孩子来说，当他想去公共场所游玩时，父母可以告诉他："今天是星期一，这儿有六个苹果，我们每天吃一个，吃完了就到星期六了，到那时爸爸妈妈就带你出去玩好不好？"这就是利用视觉辅助手段，帮助孩子理解时间的概念。

（2）利用听觉上的辅助手段，帮助孩子理解等待的意义。

对于3~4岁的孩子，当他闹着要父母抱的时候，父母不要马上伸手抱他，可以给他先念一首他熟悉的童谣，然后再伸手抱起他，让他感受到在短暂的等待中，父母的爱一直陪伴着他。

这是利用听觉上的辅助，帮助孩子理解时间概念，并教他学会适当等待，而不是随意发脾气。

2. 用游戏的方法训练孩子的忍耐力

有些孩子已经会用语言向父母简单地表达自己的要求了，但他还不太会控制自己的情绪，常常直接表达自己的急切需求，迫切

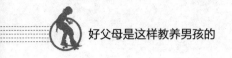
希望得到自己需要的东西，有时可能显得不近情理，不体谅父母。这是正常的现象。

孩子需要父母的照顾、关心和赞许等，但他理解不了为什么自己在有需求的时候，父母不能立刻满足他的要求。而父母在向孩子解释这件事时，也是要有一定的技巧方法，具体而言，以下方法可供参考：

（1）让孩子学会"等一等"。

当孩子向父母提出要求时，父母可微笑着对他说"你先给我念一首．小蜗牛．的儿歌，你念完了我就过来了"或"妈妈在喝水，你给妈妈唱首歌，然后我们再出去玩儿"。

父母还可以用搭积木的游戏来教孩子计算时间，让他学会等待。

（2）和孩子玩角色互换的游戏。

父母可以尝试和孩子玩一玩角色互换的游戏。比如，由父母来扮演没有耐心的"孩子"，让孩子来扮演"爸爸"或"妈妈"。然后，在"爸爸"或"妈妈"做事时，父母夸张地模仿孩子平日不愿意等待时发脾气的样子，或模仿他的语调大叫："爸爸（或妈妈），你好了没有啊？我要吃蛋糕，我不要等！我现在就要吃！"通过角色互换，让孩子体会到自己无理取闹时父母的心情，培养孩子换位思考的意识，锻炼孩子的忍耐力。

父母还可以给孩子选择一些关于耐心的书，逐步让孩子明白：人有耐心是必须的事情，每个人都需要学会如何变得有耐心。

3. 让孩子在集体生活中学会忍耐

在学前期的几年中，孩子智力和情绪会逐渐成熟，对时间的理解力也会有所提高，这有利于父母对孩子进行忍耐力的培养。

这个年龄阶段的孩子通常会进入幼儿园学习，幼儿园中有规律的户外活动和教师的指导，能使孩子更好地学会等待。

孩子一旦进入一个集体中生活，无论他自己的需求多么急迫，都不得不遵守集体的规定而暂时克制自己（比如在幼儿园中，不到固定的时间不能吃饭），集体生活对于培养孩子的忍耐力是很有帮助的。

在孩子的不同成长阶段，父母一定要注意根据孩子的情况调整教育方法，选择适合孩子成长阶段的方法来培养他的忍耐力。当父母看到孩子的忍耐力有所提高时，应该及时给予肯定和赞扬，并鼓励孩子再接再厉。

第三章

培养男孩乐观精神

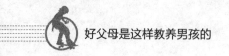

🏀 培养良好性格

西方哲人说："一个人的命运就取决于他的性格。一个人一生是否有所作为，是否成功，是否幸福，起决定作用的因素往往是性格，而不是智力。" 因此，父母要高度重视对男孩良好性格的培养，及时纠正孩子性格方面的缺陷，这样才能够把他培养成一个乐观向上的人，成为真正的男子汉。

孩童时期是人性格形成的重要时期，如果父母对此没有给予足够的重视，那么孩子性格中的消极方面会蔓延滋长，阻碍孩子形成良好的性格，这样的孩子将来是不会快乐的。心理学家认为，孩子的消极性格通常有以下几种。

1. 无力性格

无力性格的孩子精力和体力似乎都不充足，好像很容易疲乏，常说自己累，身体不好，有疑病现象，而且精神不振，情绪不佳，缺乏热情，意志薄弱，缺乏克服困难的勇气和毅力。

2. 不适应性格

这种孩子对社会环境和人际环境适应能力较差，表现为不合群。他们对外界压力的承受能力也差，情绪经常不稳定，缺乏自制、自控能力，易受他人左右，易受他人不良行为的影响。

3. 偏执性格

这种孩子急躁、多疑、固执，容易产生嫉妒心理，凡事以自我为中心，经常与他人发生矛盾，遇事常责备他人，强词夺理，不易接受别人的正确意见。

4. 孤僻性格

具有这种性格的孩子性格内向，不合群，情感淡漠，喜欢独来独往，社会适应能力和处理人际关系的能力都较差。

5. 攻击型性格

具有这种性格的孩子内心有强烈的攻击性和敌意，情绪高度不稳定，容易兴奋冲动，易对他人及社会表现出敌意和破

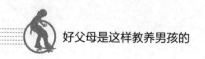

坏行为。

6. 强迫性格

这种性格的孩子行为拘谨，待人处事犹豫不决，拘泥于细枝末节，对人对事要求十全十美，有不同程度的强迫行为或强迫心理。

心理学家认为，人的性格是不断变化的，性格的形成有先天因素的影响，但性格也具有可矫正性和可塑性。心理学家指出，孩童时期是孩子性格发展的关键期，父母要为孩子创设良好的成长环境，引导孩子形成乐观的性格。

那么，父母应如何帮助孩子纠正消极性格，使之向好的方面发展,使自己的孩子成为一个快乐的小男子汉呢？以下建议可供借鉴。

（1）帮助孩子纠正认知偏差。

由于受不良环境影响，或受存在不良性格的人的影响，有些孩子会产生错误的认知，比如认为这个世界上坏人多、好人少；同人打交道，要防人三分；疑心重，常以自己的猜疑之心揣度他人等。这样的孩子一般心胸狭隘，嫉妒心强，疑心大，冷漠，缺乏同情心和责任感。而父母要想改变孩子的这些性格特征，必须帮助孩子改变自己的错误认知，比如，父母要告诉孩子事情的对与错，鼓励孩子多参加有意义的集体活动，融入群体中去充分感受生活，多帮助老人和比自己年龄小的人，给孩子买些内容积极乐观的书籍，等等。这些做法对孩子性格的改变都会有帮助。

（2）教育孩子不要用消极的眼光去看待别人。

上过当或受过挫折的孩子对人总存有一种防范心理，总是会把他人往坏处想，因而疑心重、心胸狭隘、办事优柔寡断。对此，父母要让孩子，正确地看待他人，正确看待生活中的种种现象。父母要告诉孩子，世界上既然有好事，就会有不如意的事；既然有好人，也会有一些"害群之马"，但好人还是多数，因此，心胸要宽广，小事不纠结，不要用消极的心理、眼光去看待别人。

（3）让孩子试着去帮助别人，从中体验乐趣。

具有不良性格的孩子，往往以自我为中心，他们对人冷漠，一般不愿进行人际交往，总生活在自我的小天地里。因此，父母要想让孩子改变这样的性格，可以引导他主动去帮助别人，告诉他人人都需要关怀，如果你主动去帮助别人，在你需要帮助的时候，别人也会主动来帮助你。在这样的教育中，孩子往往能感受到自身的价值，对人的看法和态度也会随之改变，从而有利于性格的改善和完善。

（4）帮助孩子有意识地认识自我、改造自我。

每个人在不同程度上，都会以不同的方式塑造着自我，包括塑造自己的性格。因此，父母可以和孩子从以下方面进行努力，帮助孩子重塑自己的性格。①要让孩子正确地评估和对待自己。父母在塑造孩子性格的过程中，要让孩子有健康的自我意识。②要让孩子正视现实，面对现实，并积极地适应环境。家长要教育孩子无论在家庭、学校还是在其他环境中，都应采取积极进取的态度，在保持自己个性的同时努力去适应环境，尤其是在孩子身临逆境时，父母要教育他不要将问题归结于客观因素，而应当正视现实，面对现实，先承认它、接受它，然后再想方设法去改变它。只要孩子积极地进行自我锻炼和自我改造，慢慢地，良好的性格就会逐步形成。③取人之长，补己之短。父母要引导孩子多注意他人性格中的优点并努力加以学习，以此不断优化孩子的性格。

（5）培养孩子健康的情绪，保持乐观的心境。

孩子偶尔心情不好，不至于影响性格，但若长期心情不好，对性格就会有影响了。例如，爱生气或为一点小事就情绪激动的孩子，容易形成暴躁、易怒、神经过敏、冲动、消极悲观等性格特征，这都属于异常情绪性的性格，对孩子的身心健康都是不利的。因此，家长要让孩子学会乐观地生活，要胸怀开阔，始终保持愉快的生活体验，在遇到挫折和失败时，多从好的方面去想，正确地对待得失。有时，孩子心里实在苦恼，此时父母要多与孩子交流，也可以鼓励孩子找知心朋友交谈或去看心理医生，不要让苦闷积压在心里，否则容易导致性格的畸形发展。

（6）让孩子乐于交际，学会与人和谐相处。

兴趣广、爱交际的孩子会学到许多知识，训练出多种才能，有益于积极性格的形成和发展。但是，如果孩子与品德不良的人交往，也会沾染不良的习气，甚至误入歧途。所以，父母要引导孩子正确地认识和评价周围的人和事，不要让他与不良之人"混在一起"。要让孩子学会与他人互敬、互爱、互谅、互让，善意地评价他人，热情地帮助他人，努力维护好与他人之间的关系。在和谐健康的人际关系中，孩子的性格就能得到健康发展。

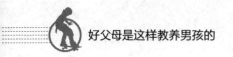

（7）要让孩子多读书，读好书，加强道德修养，改正不良的性格。

孩子性格的形成，还受其文化水平和道德水平的影响。良好性格的塑造，离不开知识的熏陶。书籍的力量，在于能为孩子提供优良性格的榜样。以模范人物作为学习的榜样，对孩子性格潜移默化的优化作用也是非常明显的。

（8）给孩子安全感，满足孩子基本的生理需求和社会需求。

孩子对世界充满了好奇和探索的欲望，他们希望通过自己的需求与社会发生联系。家长要引导孩子参与对未知世界的探索，同时，与孩子之间要建立一种稳定的、爱护的情感关系，让孩子有足够的安全感。同时，针对不同时期的孩子，父母对其生理、心理特征都要细细观察，充分满足其需求，让孩子感受到一种安全的归属感，知道自己无论做什么事情，家人都会关注着自己、爱护着自己，而自己在遇到陌生的人、陌生的环境或遭受到小小挫折的时候，家人能够为自己提供一块"安全基地"，自己能够在家庭中得到安慰。有安全感的孩子内心更平和安定，更容易形成良好的性格。

（9）家长本身要有乐观的性格。

很多家长由于工作压力或者生活琐事导致自己的情绪压抑，对生活充满牢骚和抱怨。在这种情况下，家长的情绪对孩子来说就像一张天气预报的"晴雨表"，有些孩子会紧张地去看"这张表"，在家长情绪不佳时便感到紧张或畏惧。在这种成长环境下，孩子很难形成乐观的性格。所以，父母要以身作则，自己先要有乐观的性格，同时还要有坚韧的毅力，能够调控自己的情绪，能够协调工作、生活、家人之间的关系，能够营造出和谐愉快的家庭气氛。这样孩子自然会去模仿、去学习父母，会以父母为榜样，逐渐形成乐观的性格。

（10）让孩子拥有成就感。

心理学家指出，成就感是个体在完成一项任务后的愉悦体验，是个体因成功地表现了自己的价值而获得的一种满足感，这种满足感是孩子快乐的主要来源。所以，父母需要根据孩子的发展水平为孩子提供各种表现的机会，使孩子体验成就感，促进孩子乐观性格的形成。

需要指出的是，为了让孩子拥有成就感，父母为孩子提供的"表现机会"应以中等难度为宜，这样可以促进孩子内在潜力

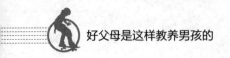

的最大限度发挥，使孩子体验到经过努力后达成目标的成就感。如果"机会"太难，可能使孩子把结果归因于外部的条件或者是运气等偶然因素，并丧失进取和创造的动力；而"机会"过于简单，又会使孩子感受不到真正的快乐。

（11）鼓励孩子多运动，保持身体健康。

孩子通过运动可以使自己有更多的机会感受成功的快乐，比如爬滑梯、踢足球，孩子既能从中感受到自己的力量，也能感受到快乐。运动还可以锻炼孩子的身体，使孩子的行动更敏锐，注意力更持久。同时，在运动的过程中，孩子能够树立与困难做斗争的信念，能够磨炼意志。孩子在运动中不仅能使身体发育得更好，而且心理也会逐渐成熟和完善，运动能够促进孩子乐观性格的形成。

金无足赤，人无完人。每个人的性格特征中都有好的因素，也有需要改进的因素。父母要帮助孩子建立正确的人生观，学会正确地自我评估，能辩证地对待自己的优缺点，对于自身不好的性格特征采取积极改正的态度，久而久之，就能使不良性格特征得到消除，良好性格特征得到巩固和发展。

⚫ 造就高情商的男孩

美国心理学家认为，情商包括以下几个方面的内容：一是认识自身的情绪，因为只有认识自己的情绪，才能管理和调节自己的情绪；二是妥善管理自己的情绪，消极情绪产生时能及时地调节、化解；三是自我激励，它能使人走出生命中的低潮，重新出发；四是认知他人的情绪，这是与他人正常交往，实现顺利沟通的基础；五是人际关系的管理，即领导和管理能力。

情商水平不像智商水平那样可用测验分数较准确地表示出来，只能根据个人的综合表现进行判断。情商高的人通常具有如下特点：社交能力强，性格外向而开朗，不易恐惧或伤感，对事业较投入，为人正直，富于同情心，情感生活较丰富但不逾矩，无论是独处还是与许多人在一起时都能怡然自得。情商的可塑性比智商更大，而且越早培养效果越明显。所以，当父母在为孩子设计未来发展的蓝图时，应将提高孩子的情商作为一项重要内容。

美国心理学家曾对800名男孩进行了近30年的追踪研究，结果表明：成就最大者与最小者之间最明显的差异不是智商上的差异，而是自信心、进取心、坚持性等非智力品质上的差异，即情商高者成就大，情商低者成就小。

0～5岁是孩子情商养成的关键时期。心理学家发现，人的情商的形成开始得极早，像刚出生的婴儿其实就已经能开始感受和学习，进而逐渐形成情商。生理专家认为，人的脑部在0～5岁时是一生中发展最快速的，特别是情感能力方面的发展。因此，这一时期是父母培养孩子情商的关键时期。

那么，父母怎样对孩子进行情商培养呢？

1. 教孩子学会自知、自控情绪

自知情绪，就是了解自己的情绪。父母从小就要让孩子清楚地知道喜怒哀乐等不同情绪。父母平时可多抽点时间与孩子交谈，引导孩子说出自己的感受，这是极好的沟通方式。自控情绪，就是学会控制自己的情绪。比如，在不同场合应该如何把控自己的情绪，不滥发脾气，懂得让步和宽容。

2. 培养孩子的自信心

孩子的自信并非一朝一夕能够建立起来，这需要一个长期的过程。当孩子学习有进步或在其他方面表现良好时，父母应当给予适度的赞美，以此来鼓励孩子，令他更加努力，争取更大的进步。当然，自信的培养应是多方面的，是渗透在孩子生活、学习中的，父母要在细节上对孩子加以教育、引导，使其逐步建立自信心。

3. 培养孩子自尊、自爱的精神

要让孩子尊重自己，父母首先要尊重孩子。如果孩子有一些令父母不满的行为或表现，父母不宜对他过于苛责，而应该耐心地引导，循循善诱，让孩子感受到父母的良苦用心。在现实生活中，有些父母在亲戚朋友面前或在公众场合责骂甚至嘲笑、体罚孩子，这样都会令孩子自尊尽失，使孩子产生自卑的心理。自爱即爱惜自己的身体、名誉，注意自己的言行。父母从小要教会孩子自爱，避免外界不良的人和事的影响，树立坚定的是非观。

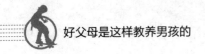

4. 培养孩子的自控力

遇到不顺心的事就发怒、生气，是情商低的表现。这样不但会使人处事失去理智，不能冷静地做出正确的判断，久而久之，还会对身体健康造成影响。父母要让孩子懂得控制情绪的波动，明白"退一步海阔天空"的道理。孩子自控力的培养，需要父母从小对孩子加以引导和教育。

5. 发展孩子自身的优势

每个孩子都有其独特的潜能和天分，如运动、语言、音乐等，父母要帮助孩子发掘他擅长的事，并重点加以培养，让孩子发挥所长，使他肯定自己存在的价值和意义，进而自我激励，向更高目标迈进。不过，父母在用心培养孩子的同时，切忌给孩子太大的压力，因为高压之下孩子的身心会很容易受到伤害。

6. 培养孩子的自律精神

要培养孩子的自律精神，除了要教导孩子遵守家庭、幼儿园、学校的规矩外，还要教给他待人接物的基本礼仪和行为规范，让孩子将来在社会上遵纪守法，有原则有底线，妥善处理人际关系。

7. 培养孩子的自理能力

自理能力，就是孩子照顾自己的能力，如整理书包、收拾屋子等。培养孩子的自理能力，不仅是孩子的成长迈入独立自主阶段必经的过程，还是培养孩子建立自信心的过程。孩子自理的能力越高，自信心就会越强。

8. 教孩子学会自我欣赏

每个孩子都希望得到别人的肯定和认同，可是，并非每个孩子都懂得欣赏自己。假如孩子用心去完成了一件事情，非但没有得到赞赏，反而受到许多批评，可想而知，孩子的心理会受到多大的打击。所以，家长要教育孩子树立自我欣赏的意识，要引导孩子肯定自己，即使犯了错误，也不全盘否定自己。

9. 让孩子学会负责任、有担当

让孩子学会为自己的所作所为负责任并承担后果，是父母在培养孩子高情商过程中不可忽视的一环。父母要引导孩子勇于为自己的行为负责，告诉孩子这是理性、成熟的表现。倘若孩子做错了事，父母也不要大声斥责，伤害孩子的自尊心，而应该帮助他分析错误并指出要改善的地方，让孩子不再重蹈覆辙。

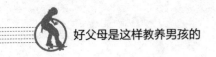

10. 培养孩子的同情心

具有同情心的孩子有能力从细节中察觉他人的需要，会设身处地为别人着想。所以，培养孩子的同情心不仅有利于让孩子处理好人际关系，更容易让孩子融入集体。具有同情心的孩子还会有大爱，懂得帮助他人，换位思考。

哈佛大学教授丹尼尔·古尔曼认为，情商是决定人生成功与否的关键。但是，情商并不是天生的。没有人生下来就有高情商，高情商大多是由后天培养和训练得来的，是在后天的环境与教育中逐步发展和提高的，即高情商是可以培养的。因此，人的情商的早期培养有着重大的意义，而最佳的培养时机应是从幼年开始。而在情商的早期培养过程中，家庭教育又起着重要的作用。

⚛ 培养男孩的幽默感

"喜剧泰斗"卓别林说："幽默是生活的好方法。"是的，幽默可以淡化人的消极情绪，消除人的沮丧与痛苦。具有幽默感的人，生活不仅会充满乐趣，许多在别人看来痛苦烦恼之事他们也会应付得轻松自如。幽默的本质是一种达观的人生态度，它首先发自内心，然后才可以通过语言、行为等外在的形式来体现。

研究表明，人的幽默感约三成是天生的，其余七成则靠后天培养。美国许多父母甚至在婴儿刚出生6周时便开始对其进行独特的"早期幽默感训练"。幽默不完全依赖于语言，它还涵盖了很多别的内容，比如身体语言。

那么，为了培养孩子的幽默感，父母要做哪些工作呢？

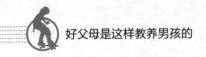

1. 培养孩子的开朗性格

心理学家保尔·麦基认为，幽默感在人的社交能力发展过程中起着举足轻重的作用。是的，孩子的幽默性格一旦形成，对孩子一生都将产生重要的影响。因为，具有幽默感的孩子，大多开朗活泼，容易融入团队，讨人喜欢。而具有幽默感的男孩，也更容易融入周围的环境，为周围人群所接受。

2. 淡化孩子的消极情绪

父母要淡化孩子的消极情绪，不让消极情绪蔓延。要让孩子乐观起来，因为乐观容易使孩子从各种消极情绪中尽快走出来，不会沉溺于各种不良情绪中不能自拔，为未来积极快乐的人生打下基础。

3. 在潜移默化中培养孩子的幽默思维

幽默是一种人生智慧。幽默最大的特性是出人意料，幽默依赖于一些别出心裁的思维模式，往往有剑走偏锋的效果。父母要在潜移默化中培养孩子的幽默思维，因为幽默可以对孩子的大脑发育起到促进作用。父母可以多给孩子讲幽默故事、幽默笑话等。

4. 多做亲子沟通活动

幽默是父母与孩子沟通的有效方式之一，它既可以化解孩子与父母之间的对立情绪，让孩子愉快地接受父母的意见，又可以增进父母与孩子之间的亲密关系。

5. 呵护孩子与生俱来的幽默感

有些孩子天生就有幽默细胞，只不过不同的家庭环境和生活经历或扼杀了孩子的幽默感，或让孩子的幽默感得到发展。所以，孩子成人后，有的人会比较幽默，有的人则缺乏幽默感。父母在孩子出生几个月后，就会看到自己孩子表现出幽默感，比如他会以自己的方式逗父母发笑，并且他十分热衷于这种游戏。年龄稍大的孩子表达幽默的方式更加丰富多彩。如果父母以孩子并不能理解的方式打压他的幽默感，那么，孩子与生俱来的幽默感就会逐渐消失。所以，父母呵护孩子的幽默感很重要。

6. 积极回应孩子的幽默感

幽默的表现形式多种多样，既可以是表情与动作，也可以是语言。幽默的发展依赖于语言，但并不完全取决于语言。如婴儿在父母的逗弄下会"呵呵"笑个不停；几个月大的孩子已经懂得在亲近的人面前通过"使坏"来逗人发笑，当别人逗弄他时，他也能明确地分辨出别人的意图，从而积极地与别人互动……随着孩子年龄的增长，孩子的幽默感日益增强。如果父母能更好地配

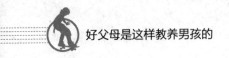

合，对于孩子这些小小的幽默给予积极的回应，那么，一个具有良好幽默特质的孩子就很容易被培养出来了。

7. 积极营造幽默的家庭氛围

在孩子两三岁以后，语言表达能力会飞速发展，孩子对语言的理解能力也会有大幅度的提高。这个年龄段的孩子对身体语言依然兴趣浓厚，对语言与概念的不和谐性也会十分在意。比如，父亲看到孩子在吃棒棒糖，可以假装像个孩子一样对他说"我也要吃棒棒糖"。这个不像"父亲"的"父亲"一定会让孩子觉得十分有趣。随着孩子语言表达能力的提高，父母还可以经常给孩子讲一些幽默的小故事、小笑话，增强孩子的幽默感。

8. 给孩子更多体验幽默的机会

不管孩子是乖巧还是顽皮，父母都要以一个良好的心态来给孩子更多体验幽默的机会。尤其在孩子做错事情的时候，父母最好不要斥责孩子，给孩子来点儿"小幽默"，这样做可能会获得意想不到的效果。比如，如果孩子不停地哭闹，母亲不妨将孩子拥在怀里，然后以夸张的神态和语气对孩子说："快别哭了！你照照镜子看看，都快哭成小花猫了。"听到这样好玩的话，孩子一定会破涕为笑。

9. 学会理解孩子的思维

孩子的思维与成人的思维有很大差异，通常成人认为有趣的事物，孩子可能觉得索然无味。因此，父母与孩子说笑话或表演滑稽动作时，要考虑孩子的接受情况。只要孩子认为是可笑的语言或动作，父母不妨陪孩子尽情地开怀大笑一番。这样，孩子就很容易形成幽默、快乐的性格，并从中受益终生。

10. 培养孩子深刻的洞察力

培养孩子深刻、敏捷的洞察力，是提高孩子幽默感的一个重要方面。父母不妨让孩子在日常生活中学会以不同的眼光来看待周围的事物，挖掘那些看起来很平常的事物中最有趣的一面。人只有迅速地捕捉事物的本质，并以恰当的比喻、诙谐的语言表达出来，才能产生轻松愉快的感觉。

当然，培养孩子的幽默感是一个循序渐进的过程，父母不能操之过急。父母首先要有幽默的意识，并且要了解与幽默感相关的几个要素：（1）语言认知能力。当孩子的认知能力与语言能力发展达到一定的程度时，他才能理解更复杂更深层次的幽默。所以，父母要不断提高孩子的语言认知能力。（2）幽默的环境与氛围。如果孩子在轻松愉快的环境与氛围中生活，他的身心就会比较放松。当孩子身心放松，坦然面对周围环境的时候，他的幽默感才能得到释放。另外，幽默的环境与氛围也会对孩子有潜移默化的影响，使孩子具有幽默的特性。（3）幽默不是油腔滑调，也非嘲笑或讽刺。（4）培养孩子的幽默感，最重要的就是要培养孩子乐观的性格。

幽默是人际关系的润滑剂，幽默的表达既可以舒缓紧张情绪，又能营造出快乐的气氛。幽默感也是高情商的重要组成部分，而培养孩子的幽默感是素质教育的重要内容。父母是孩子的第一任老师，培养孩子幽默的特质，会给予其健康快乐的人生。

⊕ 激发男孩的潜能

　　美国一位数学家认为：人的大脑神经元总数在100亿～140亿，因此，人一生中大脑可记忆的信息量，相当于世界上最大的图书馆——美国国会图书馆藏书容量的3～4倍。由此可见，每个人都有着巨大的潜力。所以，即使孩子一时表现得不出色，父母也不必太急躁，首先要研究清楚是什么阻碍了孩子潜能的发展，然后耐心帮助或启发孩子，激发他发掘潜能的勇气和信心。

　　每个人都具备本能、冲动、内驱力、生理反应等这些潜能，只不过这些潜能层级较低，相当于"低级潜能"；当别人问起"你的移动电话号码是多少？""你最感兴趣的是什么专业？"等问题时，人会下意识地回答，这属于"中级潜能"；而思考、发掘长处和展现优势则是人的"高级潜能"。"高级潜能"的挖掘相对会难一些。比如，一个作家埋首疾书，灵感源源不绝，佳句连篇，字字珠玑，事后连自己都很惊讶："我怎么能写得这么好？简直如有神助。"其实，这是因为他在奋笔疾书时"接通"了高层潜能，因此做到了平常状态下无法做到的事情。

那么，什么是男孩成才需要具备的"高级潜能"呢？

（1）自学能力。

人的潜能中最重要的一项能力就是自学能力，即查阅文献资料和收集、整理、分析、总结信息的能力等，而孩子的自学能力需要父母从小培养，尤其在日常生活中。

（2）研究能力。

研究能力是对客观事物的观察能力、分析能力、基本的实验能力及设计能力等。父母对孩子研究能力的培养也要从小开始，从细节着眼。

（3）应用能力。

潜能的发挥体现在应用能力上，包含判断能力、创造能力、想象能力、综合概括能力、表达能力和组织管理能力等。父母应着重培养孩子处理事情和动手操作的能力，同时通过亲子互动辅导孩子学习相关技能。

上面三方面能力是孩子将来步入社会，在事业上取得成绩不可缺少的条件。所以，父母一定要引导孩子在日常的学习和生活中，在长期的实践中开发自己的潜能。而为了开发潜能，培养孩子多方面的兴趣是非常重要的。兴趣是以热爱为前提的，它对潜能最重要的影响就是促进思维的主动性和积极性。兴趣能使孩子热爱生活，更加深刻地理解生活。

爱因斯坦说："对所有人来说，只有热爱才是最好的老师。"从某种意义上讲，热爱和兴趣同义。孩子只有对感兴趣的事物才会去热爱它，而所热爱的东西更能激发起他的兴趣。所以说，兴趣是激发潜能最好的动力。父母既要培养孩子较广泛的兴趣，同时又要让孩子确定一个核心兴趣，并使这一兴趣得到持续发展。

坚持发展核心兴趣，能使人在某一领域集中精力地吸纳知识，在某一方面发展特殊的才能。许多成功者的实践证明，人在核心兴趣的领域中更容易结出"创造之果"。

另外，实践活动也可以不断使孩子认识自己知识上的不足，从而激发学习的需要，增强学习的动力，激发更大的潜能。例如

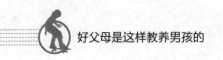

航空模型小组、船舰模型小组、无线电爱好者小组、数学小组、乒乓球小组等兴趣小组的活动能激发孩子的好奇心，让孩子运用所学的知识获得某些新的体验，激发孩子的求知欲，提高孩子的动手能力。而在这些小组活动中培养起来的专业兴趣，又可成为孩子未来发展的重要动力。

如果孩子对某一方面的事物很感兴趣，父母就要在此基础上努力激发出他的潜能。具体可参考如下建议：

（1）留意观察孩子的兴趣和优势。

有的孩子虽不爱武术却喜欢绘画；有的孩子虽没有耐性却时常有创意；有的孩子虽不善言辞却有爱心，爱助人。父母在日常生活中要注意观察孩子的一言一行、一举一动，然后归纳出孩子的兴趣和优势所在，从而进行有目的引导，激发出孩子的潜能。

（2）创造机会让孩子发挥自己的潜能。

如果孩子喜欢表演，父母可在聚会时鼓励他表演一个节目；如果发现孩子对文学感兴趣，父母就可以经常让孩子把每天经历的有趣的事叙述出来或记录下来……这样孩子对自己喜欢的事越做越熟练，孩子也会越来越有信心。

（3）生活中多给孩子赞美和掌声。

父母在生活中要多给孩子赞美和掌声，让他感受到父母的肯定，从而确认自己的价值。当"我能行"成为孩子的一种信念，随着时间悄然沉淀在孩子心底的时候，孩子就会真正成长起来了。

（4）让孩子积极正确地使用感觉器官。

人有五种感觉器官，即视觉、听觉、触觉、味觉、嗅觉。让孩子积极并正确地使用它们，有利于孩子潜能的发挥。比如，看到一幅好画，听到一首妙曲，闻一闻花香，摸一摸柔软的东西，尝一尝美味佳肴，这些愉悦的感觉都能对人的大脑产生积极的影响，从而打开潜能之门。

开发潜能对孩子来说非常重要，如果父母不能帮助孩子开发出自己的潜能，孩子的思维也许就会落后于其他人。如果父母能发掘出孩子的潜力，帮他找到适合自己的发展道路，并且坚持不懈地实践，一定会在不远的将来看到成功的曙光。

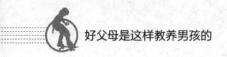

🏀 树立自我肯定的心态

　　孩子需要从心理上不断地自我肯定，来获取前进所必不可少的动力。最初孩子是通过父母对自己的评价来认识自己的。因此，每个父母都应注意，你的孩子是否自信，与你对他的评价有直接关系。

　　很多父母都有这样的观念：教育孩子，就是要不断地指出孩子的缺点和不足，对孩子的错误行为提出批评，他们以为这样做孩子就会逐渐变好。事实上，这种做法是极端错误的。孩子不会因为批评而变好，相反孩子的逆反心态会加重。孩子由于年龄小、认知能力有限，本不知道自己是什么样的人、能做什么，他需要身边最重要的人特别是家人对他的肯定。他需要不断得到鼓励和赞扬，这样他才会逐渐建立起自信心。当孩子看到自己在父母眼中是优秀的，他就会鼓起勇气做得更好；当孩子不断被父母批评指责时，他就会感到自己是如此无能，于是会看不起自己，失去勇气与自信。

以下是父母帮助孩子学会树立自我肯定的心态的几个简单易行的方法。

1. 正确的表扬不会使孩子骄傲

通常很多父母认为，只要孩子改掉了缺点，就会变成一个完美的人。这种教育思想是极端错误的，因为，如果父母总把目光盯在孩子所谓的"缺点"上，就会让孩子意识到他很差。他的自我价值感会降到最低点，于是产生强烈的自卑感。孩子在强烈的自卑感控制下，表现会极端畏缩，他的潜能就会处于被压抑的状态。

在心理学中，有"确认放大原理"一说，即我们把目光盯在哪点上，被盯的那点就会放大。当人们把注意力持续地放在一件事情上，那件事情就会被我们无限放大，而其他事情就可能被忽略。所以，当父母持续地把注意力"盯在"孩子的缺点上时，就会把孩子的缺点放大；而父母如果把目光"盯在"孩子的优点

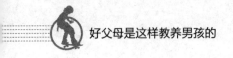

上，就会把孩子的优点放大。

父母的目光像阳光，孩子的优点和缺点就像埋在土里的种子。当父母的目光放在孩子的优点上时，就像阳光照在优点的"种子"上，会使优点的"种子"发芽成长；反之，如果父母的目光放在孩子的缺点上，就像阳光照在缺点的"种子"上，使缺点的"种子"发芽成长。当父母持续把目光放在孩子的优点上时，孩子会慢慢地感觉到自己存在的价值。当孩子认识到自我价值，就会产生自我完善的欲望，让自己表现得更好。

2. 多角度赏识孩子，让孩子充满自信

每一个孩子都有长处和优点，虽然孩子的天资有别，学习事物有快有慢，学习成绩也有高有低，但判断一个孩子的好坏，不能只取决于其中一个方面。

父母不能只凭长相、成绩等某个方面就认定自己的孩子不如别家孩子，或认为自家孩子没有出息，而是应该善于发现自家孩子的优点，发现他与众不同的地方。父母要始终相信自己的孩子是优秀的，要把赞美留给自己的孩子，让他在赞美声中继续发扬自己的优点和长处。

杜鲁门当选美国总统后，有一天，一位客人来拜访他的母亲。

客人笑着对杜鲁门的母亲说："您有杜鲁门这样的儿子，一定感到十分自豪吧？"

杜鲁门的母亲微笑着回答："是这样的。不过，我还有一个儿子，他同样让我感到非常自豪。他现在正在地里挖土豆呢！"

原来杜鲁门的弟弟是一位农民，但是，他的母亲并没有因为自己的孩子成为农民就脸上无光。对她来说，无论孩子是总统还是农民，都令她感到自豪。

而在接受记者采访时，杜鲁门的弟弟是这样评价哥哥和自己的："我为哥哥感到骄傲，他将是美国最优秀的总统之一。但我同时也为自己感到骄傲，我是一名农民，我用自己的双手养活了自己，照顾了父母。"

这是何等的自信！而这种自信正是来自于母亲的肯定。

被尊重和被爱是孩子的基本心理需求，父母要由衷地欣赏、赞美孩子，从多个角度发现孩子的闪光点，用发自内心的喜悦感染、打动孩子，使其保持健康积极的心理状态。

3. 夸聪明不如赞努力

聪明与努力，是孩子取得优异成绩的必要因素。作为父母，该如何夸赞孩子是值得认真思考的。

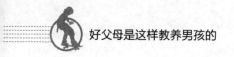

父母如果总是夸奖孩子聪明，往往会让孩子形成一种错觉：某件事我做好了，取得了成功，该归功于自己的聪明；而如果某件事我做错了，那是因为我不够聪明。所以，父母总夸孩子聪明，这种夸奖就会变成孩子的"包袱"。而父母若误认为孩子只要聪明，做任何事都会成功、不会失败，一旦孩子失败了，父母就会垂头丧气，经不起打击，一味指责、埋怨孩子。

父母在赞扬孩子时，应把"你真聪明"转变为"你真努力"。比如当孩子搭起积木时，告诉他成功是努力的结果；而积木倒了，应鼓励他"只要再努力一次，你肯定会成功的"。在父母的肯定和鼓励下，当孩子再遇到挫折时，不仅不会垂头丧气，而且还会说："这是因为我不够努力，其实只要我再努力一下，就会成功的！"

4. 应适当降低对孩子的要求

父母对待自信心不足的孩子，应适当降低对孩子的要求。假如孩子画了一匹马，那么，父母最好不要过多地挑剔孩子这里画得不好、那里画得不像，而应对孩子画得好的地方发出由衷的赞赏："看，那马尾巴画得真好呀，好像是在风中飘舞一样！"或者"你给马涂的颜色真漂亮！我敢说这是世界上跑得最快的马！"需要强调的是，父母应该让孩子觉得父母对他的赞赏完全是诚恳的，而不是应付的、客套的，更不应该是虚伪的、做作的。

其实，父母要想让自信心不足的孩子学会自我肯定，首先要帮助孩子从自己的行为中获得满足和动力。父母应该让孩子懂得：能自己做的事，一定要把它做好，这本身就是成功，也是对自己的最好肯定。

5．表扬时要变更主语

让孩子多做自我肯定的一个最简单方便的方法是，变更家长对孩子做出的所有表扬的主语：把"我"改成"你"，把家长对孩子的表扬，变成孩子对自己的表扬。这种简单的变化，能够更充分、更有力地让孩子认识到自己的行为是正确的，能够增强对孩子赞赏的效果。例如，许多父母会说："你今天用积木搭起了这么高的大楼，我真为你感到自豪！"这样的表扬可改为："你今天用积木搭起了这么高的大楼，你一定为自己感到自豪！"如果父母经常用这样的方法表扬孩子，就能让孩子在潜移默化中树立自我肯定的意识。

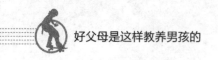

6. 对自信心不足的孩子多表扬，帮孩子树立信心

家长可以对自信心不足的孩子多表扬。当然，有些孩子完全依赖成年人的赞许，不能正确看待自我。这样的孩子长大了如果成为球员，那就可能在比赛时每打出一个球，都会回头看看教练的脸色——自然，他就难以成为一个出色的球员。面对这样的孩子，家长在称赞他的优点之后，要提醒他不必过分看重他人的评论。

自信心不足的孩子如果做了错事而遭到批评时，可能会受到很大的打击，甚至丧失前进的方向。此时，父母应该告诉他，对待批评的最好办法便是承认并改正错误。当孩子主动承认错误时，父母可以告诉他："你这样做很不容易，因为这需要很大的勇气，你可以对自己说你做了一件了不起的事。"

7. 强化孩子的自我肯定意识

对孩子来说，他心中的自我肯定往往是脆弱的，游移不定的，因而极需得到外界不断地强化。强化孩子的自我肯定意识的方法很多。比如：父母可以让孩子为自己记一本"成就簿"，让孩子每周花几分钟时间写出（或画出）自己的"成就"。父母要告诉孩子，所谓"成就"，并不一定是了不起的事，任何小小的进步，以及为这种进步所做出努力，都有资格被记载入册。父母还可以为孩子准备一些小小的奖品（比如画片、玩具、书等），每当孩子取得了一点成绩，或做出一件令他自己感到自豪的事时，就给予他表扬和奖励。父母还可以教孩子自我表扬和鼓励，特别是当孩子遇到困难踌躇畏缩时，不妨鼓励他对自己说："来吧，你可是一个不怕失败的好孩子，再努力一次吧！"

8. 多发现孩子的闪光点

孩子表现优秀的时候，最期望听到父母的鼓励与肯定。父母的鼓励与肯定，能使孩子感受到家长发自内心的爱和喜悦，给孩子带来愉快的心理感受，强化他的正面自我认识，会促使他努力做得更加完美。

孩子犯错时，父母也一定要保持头脑冷静，客观分析孩子犯错的原因。如果孩子是为了获得尊重和肯定而犯的错误，至少有令人欣慰的地方：孩子希望得到表扬，想要上进。因此，父母要"沙中淘金"，多发现孩子的闪光点，满足他的心理需求，并在此基础上引导孩子用正确的方式来获得肯定。

9. 鼓励、赞扬不宜滥用

自我肯定应有个度，既要分时间、场合，更要有一定的原

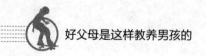

则、标准和尺度。鼓励、赞扬、自我肯定如果用过了头，也可能会产生副作用，如自负、唯我独尊等。

做父母的都应该熟知自己孩子的心理，该表扬表扬，该批评批评，鼓励、赞扬不宜滥用，批评时应注意态度及方法，根据孩子年龄段和接受程度进行批评，切不可不分青红皂白一通批评。

🏀 保持稳定的情绪状态

　　心理学家发现，拥有愉快和谐气氛的家庭，在很大程度上能使孩子成为具有乐观性格的人。家庭的教育氛围，应保持在愉悦、平和这一"最佳情绪线"上，因为当亲子双方都处在最佳情绪状态时，父母能更有效地对孩子进行"教育"，孩子也更乐于接受。心理专家指出，家庭生活的气氛和父母的情绪，本身就是一种无形的教育。

　　父母和孩子的情绪是非常容易互相影响和感染的。孩子的情绪不像大人那样稳定，尤其是年龄小时，外界的一点儿干扰往往就会影响孩子的情绪状态，所以，俗话说"六月的天，孩子的脸，说变就变"。父母应该尽量让孩子少受自己不良情绪的影

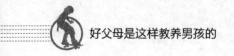

响，要以最佳情绪去感染孩子，家庭中要和睦融洽，这样让孩子在每天的大部分时间里都处于愉快、平静的情绪中。

当父母发现孩子情绪低落、提不起精神的时候，更要表现出高兴、快乐的情绪，多和孩子谈有趣的事，进行有趣的游戏，以转移孩子的注意力；当孩子的情绪好转后，父母应渐渐将兴奋的情绪平静下来，显露出愉快平和的态度；当孩子兴高采烈、手舞足蹈的时候，父母应保持冷静和认真的状态；当孩子玩得忘乎所以、吵闹放肆的时候，父母要及时进行劝导，不要让孩子一直停留在激昂的情绪状态下。

心理学家指出，为使孩子保持平和稳定的情绪状态，在孩子成长过程中，父母需要培养孩子依次建立"首要幸福感"和"次要幸福感"。

"首要幸福感"，指的是孩子十分明确和坚信父母是爱自己的，并且会永远无条件地爱自己。这种幸福感的建立是在孩子三岁左右的时候。"首要幸福感"一旦确立，终生不会动摇。"次要幸福感"，指的是孩子在日常生活中所获取的快乐，如参与游戏等。

"首要幸福感"牢固的孩子，内心的乐观情绪不容易受到生活中负面事物的影响。这样的孩子在遇到挫败时，一般也不容易丧失自信心，不会一蹶不振。而"首要幸福感"不牢固的孩子，"次要幸福感"也很难健全，这样的孩子由于过度依赖于外在的"成就"，比如是否能马上得到自己想要的玩具和食品、"老师是否喜欢我"等，存在不安全感。

父母每天都要把"快乐"这份"礼物"送给孩子，随时随地让孩子感觉到父母的爱，让孩子在快乐的家庭氛围中做个乐观向上的人。下面列举的一些建议，或许可以帮助父母找到合适的方法，将孩子培养成情绪状态良好的人。

1. 在家庭活动中营造轻松快乐的氛围

春节时包饺子、放鞭炮，过生日时吃蛋糕、吹蜡烛，这些家庭活动十分重要，因为它们赋予孩子生活的意义和仪式感，能够加强家庭成员之间的情感联系，让孩子懂得"家"的含义。除了节假日或家庭成员的生日，父母可为孩子再设立一些有规律的家庭小活动，例如，每个周末全家外出用餐，每个月全家一起看一场电影等，这些规律性的家庭活动能给孩子带来幸福感及乐趣。

2. 让孩子积极参加社会活动，养成乐于助人的品质

父母要积极参加孩子学校的运动会，或者参与孩子的文艺表

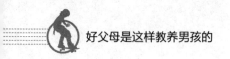

演，这样孩子会意识到父母对他的重视，增强自信心。同时，父母与孩子一同参与社会活动，也是在教给孩子"社会"的基本含义，让孩子亲身体会到自己的社会价值。

孩子需要在家庭和社会中得到认同，父母应尽量给孩子提供接触社会、关心和帮助他人的机会。比如，让孩子参加社区大扫除，探望社区孤寡老人，帮助照看比自己年纪小的小朋友，帮父母做力所能及的家务，等等。

3. 多带孩子亲近大自然

对孩子来说，大自然充满了神奇的力量，无论是雨雪、白云，还是花开、叶落，孩子都能从中发掘到快乐。让孩子亲近自然，还可以增强孩子的观察能力、感受能力和反应能力，培养孩子乐观开朗的性格。父母多陪孩子参加户外活动，如滑雪、骑车、郊游等，可以让孩子更健康、更茁壮地成长，让孩子拥有更多的乐趣。

4. 鼓励孩子饲养小动物

很多父母经常犹豫是否该让孩子饲养小动物，因为饲养宠物需要耗费时间和精力，即使孩子保证自己会全力照料小动物，但通常大部分工作还是要由父母来完成。不过，心理专家研究发现，让孩子花一些工夫饲养小动物是很有意义的，因为当孩子感到担忧或害怕时，小动物的陪伴会让孩子更感到安心。而通过饲养小动物，孩子也容易学会体贴和照顾他人，更有责任心，感觉到自己的价值，从而获得成就感。

5. 给孩子展示自己才华的机会

每一个孩子都有独特的天赋和才能，展示这些才能和天赋能给他们带来极大的喜悦。"妈妈，我给你讲一个故事好不好？"当孩子提出这种要求时，即使此时你正在厨房忙于做饭，也最好满足他这个愿望，并适时地给予肯定："你讲得真是太棒了！"

要知道，能和父母分享自己喜欢做的事并得到父母的肯定，对孩子来说是一件很快乐的事。孩子的热情正是通过他人的分享和肯定，转化成自尊、自信的品质的，而这些品质对于孩子的一生都是最宝贵的财富。

6. 给孩子自由的空间

父母希望居室整洁，周围的邻居喜欢安静。那么，当孩子开始把家搞得"一团糟"，大声喊叫、玩闹时，父母通常会想办法制止，孩子只好越来越"乖"了。表面上，孩子被管教得安静乖巧，实际上他的热情和活力在一点点地丧失，他的心灵也会受到

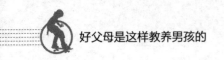

压抑。孩子毕竟是孩子，需要带着童真的想象力尽情地玩耍，需要有时间去抓萤火虫、打雪仗、看蜘蛛织网和蚂蚁搬家……这些都是按照孩子自己的意愿去探索世界的活动，都能给他带来真正的快乐。因此，家长应该顺应孩子的天性，尽可能为他创造自由的空间。

7. 教孩子享受他拥有的东西

父母不可能无条件地满足孩子的一切需求，但父母可以教给孩子知足和感恩的心态，让他充分享受自己所拥有的一切。例如，父母要告诉孩子他所拥有的玩具是什么，怎么玩，并且和他一起玩，让孩子享受玩的过程，而不是与其他的小朋友攀比，或者提出不切实际的要求。

8. 多让孩子放松精神

父母在空闲时，不妨经常给孩子讲笑话、唱儿歌，告诉孩子自己遇到的有趣的事，父母要注意多给孩子创造愉悦的氛围，让孩子在轻松的环境中快乐成长，建立和谐亲密的亲子关系。

9. 有技巧地表扬孩子

父母在赞扬孩子的时候，不要只对他说："你做得真棒！"而应该尽量说"你讲的故事真精彩，好像就在我面前发生的一样"或者"我喜欢你画的这幅画，能不能当作礼物送给我？"父母对孩子的赞扬要真诚，要让孩子理解，让孩子真正感受到父母的诚意，感受到自己的价值。

10. 多给孩子微笑、拥抱

父母对孩子微笑和拥抱等于对孩子说："我爱你！"所以，父母在孩子身边的时候，一定要经常对他微笑、拥抱他，让他感受到爱的温暖，从而建立起安全感和幸福感。

11. 聆听孩子的心声

对于父母来说，没有什么比专心听孩子讲话更重要了，因为这表示父母很在意孩子。当孩子和你讲话的时候，如果你正在做家务，或者忙工作，请你停下来，把注意力转移到他的身上。另外，在孩子向你倾诉的时候，不要打断他，让他把话说完，即使很多话你以前已经听过了，也要耐心地听他说完，让他充分表达清楚自己的想法和情绪，然后帮助他分析问题、解决问题。

12. 以鼓励代替批评

父母都希望自己的孩子是最优秀的，但当他们犯错误或某件事做得不太理想时，父母一定要有耐心，不要急于斥责，因为那样会在不经意间打击孩子的自信心。比如，孩子精心擦过的地板，父母认为不干净，于是自己再重新擦；或者对孩子加以指责，这样做就是在告诉孩子他做得不够好，可能会伤害孩子的自尊心和积极性。因此，父母尽量不要在孩子面前这样做，要多鼓励、多赞扬，在鼓励和赞扬中帮助孩子进步。

13. 教孩子学会解决问题的方法

从学会系鞋带到自己能安全地过马路，孩子每掌握一种技能，就向独立迈进了一步，就能得到成就感和从未有过的快乐。所以，当孩子遇到困难，被同伴笑话，或者有问题让他迷惑不解的时候，父母可以这样做：帮助他分析问题是什么，让他描述一下他希望得到的结果，帮助他思考什么样的步骤能实现这样的结果。如果他需要帮助，要让他相信自己随时可以得到父母的帮助。当孩子在父母的帮助下得到自己解决问题的能力的时候，他一定会无比快乐，这比父母代替他解决问题要好得多。

14. 让孩子学会自我放松

父母应该让孩子学会自我放松，自己寻找快乐。而最简单方法就是父母可以培养孩子多方面的兴趣爱好，在他学习压力大或遇到其他烦心事时，可以让他做自己喜欢的事转移注意力，让他情绪恢复平静。

第四章
培养男孩高尚人格

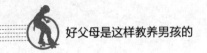

⬤ 培养正确的道德观

孩子在年龄很小的时候，道德观并不是很完善，他只是简单地思考问题，自然地按自己的想法去行事。因此，孩子在判断对与错方面，往往存在以下几个误区：

（1）在孩子眼里，一个行为是有意还是无意并不重要，他不看动机，只看结果，尤其是表面结果。（2）对身体伤害越严重，孩子就认为做得越糟糕。（3）孩子如果因某种行为而受到处罚，便认为这种行为是错的。（4）孩子认为规矩是从来都是不应该被打破的，破坏规矩就是错的。（5）从自己的角度出发。孩子很难站在别人的角度上考虑问题，他思考问题总是从自己出发。

上述这些误区，是孩子身心不成熟导致的，所以，父母应该帮助孩子形成正确的道德认知和道德行为，具体可以从以下几方面着手。

1. 帮助孩子认识错误

首先，父母应判断孩子的错误行为触及的是伦理道德还是社会习俗，然后再做处理。无论孩子出现的是哪种问题，父母一定要和孩子多谈心，让他知道做错的原因，让他认识到别人也有自己看问题的角度，帮助孩子纠正错误。

2. 让孩子体验道德冲突

父母要为孩子安排一定的自由游戏的时间，让他自然地体验道德冲突，并尝试去解决问题。同时，父母应让孩子多参加集体活动，教孩子看问题的角度和处理问题的态度。

3. 讨论"道德两难"问题

父母可以选择一些"道德两难"的故事，让孩子从不同的角度去思考，然后和孩子讨论，让孩子明白，每个人都会处于"道德两难"，关键在于怎样处理。

4. 鼓励孩子改变"规矩"

灵活性对孩子来说也是重要的，父母应当在孩子玩喜爱的游

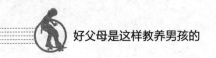

戏时，鼓励他改变规矩，用不同的方式去玩。当然，父母一定要和孩子说清楚，改变规矩要征得所有游戏者的同意，否则，规矩是不可以随意改变的。

5. 让孩子做对集体有利的事

让孩子融入集体是父母的重要任务，因为这对培养孩子的良好性格十分重要。父母要对孩子讲，怎样做是对集体有利的，为什么要融入集体，让孩子有集体主义的意识。

6. 鼓励孩子开展表演游戏和角色游戏

表演游戏和角色游戏能使孩子站在他人的角度想问题，帮助他养成换位思考的意识，使他更好地融入集体生活。

7. 深究意图和动机的含义

父母要常利用讲故事和看儿童剧的机会，与孩子讨论故事书中、儿童剧中人物的动机。比如，小杰弄坏了小熊的椅子，为什么会弄坏？小杰心情怎样？小熊感觉怎样？小杰怎样帮助小熊会好一些？思考这些问题，能使孩子在具体生动的情境中加深道德认识。

8. 表扬孩子有道德的行为

父母对孩子的合作、帮助行为要予以表扬，从而激发孩子其他正确行为的产生。同时，父母要帮助孩子建立善良、公正和合作等道德观。

道德观包括公德心，父母在培养孩子公德修养方面，可以从如下几个方面引导孩子：

（1）爱护公共财物。

父母要让孩子像爱护自己的东西一样对待公共财物，要教育孩子爱护公共设施，保护文物古迹，不乱写乱刻。父母带孩子外出时，对那些破坏文物的现象要表示义愤，不能无动于衷，还要教育孩子在学校爱护桌椅、教学器械、体育器材。

（2）遵守公共秩序。

父母要教育孩子在公共场所自觉遵守各种规章制度和纪律。在影剧院、体育场、公园、图书馆、商店、公共汽车等公共场所，要按相关规定办事，不能因为个人利益破坏规定。尤其是看到有人破坏规定时，不要出于从众心理也跟着去做，应该劝阻那些违规的人。

（3）维护公共场所卫生，保护环境。

有些人在公共场所不讲公德，随地吐痰，乱扔纸屑，乱泼脏水，甚至公然破坏卫生设施。在看到上述现象时，家长要教育孩子分清是非，绝不能做这种不文明、不道德的事情。当家长发现孩子出现这方面的问题时，一定要及时指出并立即纠正。家长要多鼓励孩子积极参加大扫除和各种环保公益活动，如果有机会家长要同孩子一起参加，为孩子做榜样。

（4）关心公益事业。

关心公益事业的最基本表现是助人为乐。助人为乐是出于单纯和善良的动机，而不是为了受表扬，社会上许多助人为乐的人都是不留姓名的。父母要教育孩子关心公益事业，向热心于公益事业的人学习，有机会还可以带孩子参加各种公益活动。

父母要让孩子有正确的道德观和公德心，这是孩子的立身之本，是做人的基础。

⬤ 从小培养责任感

父母不能忽视对孩子责任感的培养，对责任感的教育越早开始越好。父母如果一味地宠爱、娇惯孩子，会使孩子产生骄傲、任性、自私、没有同情心的不良性格。而父母过分呵护孩子，替代孩子做事，又会使孩子事事依赖父母，缺乏主见，没有责任感。这样的孩子在未来的工作与生活中，势必会处处碰壁。

可见，从小培养孩子的责任感，对于孩子的健康成长是多么重要。那么，在日常生活中，父母究竟该怎样培养孩子的责任感呢？

1. 创造条件，让孩子学习社会规范。

人在社会里扮演着一定的角色，即使是孩子也不例外。比如，成人扮演着"父亲（母亲）"、"领导"或者"员工"等角色，而孩子则扮演着"儿子"、"学生"等角色。身处任何角色

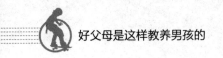

中的人的行为都应该对家庭负责，对集体负责，对社会负责，都必须遵循一定的社会规范。父母要培养孩子的责任感，就要为孩子创造条件，对孩子多加引导。例如，父母可以在家里养些花草和动物，让孩子定时给花草浇水、给小动物喂食，使孩子渐渐养成爱劳动的习惯，对花草产生兴趣，对小动物产生感情，并产生关爱之心。责任感的培养有多方面，绝不是靠说教训练出来的。

2. 让孩子养成自己的事情自己做的习惯，适当承担家庭和集体责任。

一个做惯了"甩手先生"的孩子，是不会有真正的责任感的。因此，父母要培养孩子的责任感，就必须注意培养孩子自己的事情自己做的习惯，绝不能事事包办，处处替孩子承担责任。在家中哪些事情该家长做，哪些事情该孩子做，又有哪些事情孩子可在父母的指导和帮助下完成，父母应给孩子讲明白。对应当由孩子自己做的事情，家长应给其划定一个明确的范围，并根据孩子的不同年龄段给他分配不同难度的任务。

在让孩子自己的事情自己做的前提下，父母还应该让孩子明白，一个人只做好自己的事情是远远不够的，还要协助家人做一些家务事，协助老师或同学做一些班集体的事，在力所能及的情况下对家庭和集体尽到责任。只有这样，孩子将来才可能更好地为社会尽责。

3. 让孩子对自己行为的后果负责。

父母应该抓住生活中的点滴小事，来培养孩子的责任感。无论事情的结果是好是坏，只要是孩子独立行为的结果，就应该引导并鼓励孩子敢作敢当，勇于承担责任，父母不宜替孩子承担后果，以免给孩子提供逃避责任的机会。

4. 让孩子履行自己的诺言。

父母要让孩子从小就学会做一个言而有信的人，自己许下的诺言，就应该尽力去履行，自己答应了别人的事情，即使是不情愿做，也必须认真对待，这既是对别人负责，也是对自己负责。此外，还有一点很重要：要培养孩子的责任感，父母自己必须是具有责任感的人，要求孩子做到的，父母首先要做到，以身作则，给孩子做好表率，才能真正起到教育的效果。

5. 从家庭日常小事中培养孩子的责任心。

父母应根据孩子的年龄及能力，经常有意识地给孩子布置一些任务，并检查他完成任务的情况，使他认识到自己对家庭、对家庭成员应尽的义务。分配任务时，父母要用孩子能理解的方式给孩子讲明，使他意识到自己有责任将任务做好。例如，对7~8岁的孩子，父母可以要求他收拾屋子，叠被子，整理、修补自己的玩具、图书，每天饭前摆放餐具，饭后扫地、倒垃圾，打扫楼道等，这些都是培养孩子责任心的好方法。而通过这些家庭日常生活小事培养孩子的责任心，既切实可行又容易让孩子接受。一旦孩子养成做任何事情都认真负责的习惯，那么，他就拥有了责任心。

6. 采用故事或游戏来培养孩子的责任心。

故事和游戏对孩子的教育非常直观。比如，父母可以让孩子在故事中或游戏中担任"小哨兵"、"交通警察"的角色，并在孩子有了角色意识的基础上，逐步有意识地安排他参加他原本不感兴趣的活动，并鼓励他像"小哨兵"、"交通警察"那样坚持把事情做完，让孩子在扮演角色的过程中，懂得对自己不感兴趣的事情同样也要做好的道理。

7. 坚持正面教育，多鼓励、多表扬，少指责、少批评。

孩子责任感的形成是一个渐进的过程，孩子毕竟年龄小，好奇心强，注意力容易分散，有些男孩子悟性较差，这些特点往往会妨碍他把一件事自始至终地完成。所以，当孩子完成一件事后，父母要及时给予孩子公正的评价，并善于用语言的艺术将孩子的注意力吸引过来，使他继续完成他应该完成的任务。比如，父母可以说"我相信你还会接着把事情做完做好的"，使孩子相信自己有能力、有责任做完、做好事情。在孩子遇到困难时，父母要教他怎样克服困难，使他看到自己潜在的能力，也看到自己的不足之处，同时培养孩子积极、认真、严谨的生活和学习习惯，培养孩子对自己言行负责的态度。

8. 父母要为孩子树立好的榜样。

父母对待学习、工作的认真态度、坚持精神和责任感，都会成为孩子学习的榜样。此外，父母可以时常有意识地与孩子谈自己的工作，有条件的父母可以把孩子带到自己的工作场所，看看自己如何工作，以及周围的叔叔阿姨是如何工作的。父母可以把自己完成一项任务、克服一个困难后的愉快和成就感传达给孩子，使孩子认识到责任意识在生活中的重要性。父母还可以带孩子一起做家务，处理家中出现的小问题，让孩子参与其中，并意识到责任的重要性。

人的责任感的培养有助于摆脱以自我为中心的坏习惯，并能提高自制和自理能力，更好地理解他人、体谅他人。所以，孩子需要从小培养正确的公德意识、高尚的道德观和有担当的责任感。

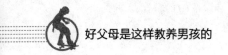

⚫ 培养诚实的好品质

　　诚实，是一切道德的基础和根本，是人最重要的品德之一。父母要教育孩子讲诚信，做人要诚实，要让孩子从小懂得言之必行，说到就要做到。

　　如今，在一些父母的诚信教育方法中存在着这样几个误区：孩子把不属于自己的东西带回家，父母不仅不予批评，而且当作看不见；孩子找各种借口推卸自己的责任，父母心软不批评；孩子为达到某种目的而说谎，父母清楚却不教育等。出现这些情况的原因有很多：有些父母认为孩子小，批评、教育起不了作用，孩子有些小毛病也无关紧要；有的家长为维护"面子"替孩子找借口；有的家长甚至得意地认为这是孩子"聪明"的表现；还有的家长认为整个社会都缺乏诚信，自己的孩子如果坚持诚信就会吃亏。

父母默许孩子的错误行为，或者父母之间因教育态度不一致而在孩子面前发生争执，实际上会助长孩子的错误行为。而放任、袒护孩子的错误行为，则会导致孩子不分是非，漠视行为规范，遇到过失就逃避责任或寻求庇护，还会使孩子养成撒谎的习惯，影响孩子自我认识以及人格的健康发展。

教育出一个诚实守信的孩子，是许多有责任感的家长的教育目标。那么，怎样才能教育孩子信守自己的诺言呢？首先，父母必须从自身做起。想想看，如果父母自己做事都出尔反尔、不诚实、不信守诺言，怎能教育出诚实守信的孩子呢？

在日常生活中，有些父母常常为了"诱导"孩子做好一件事，就轻易许诺，而事后却忘记兑现自己的诺言。结果，孩子的希望落空了，对父母感到失望。还有些孩子发现家长在欺骗自己，为自己受到欺骗而愤怒。

在许多场合，我们经常看到一些同父母斗气的孩子，原因是父母答应的事没有兑现。比如，有的孩子会气愤地说"妈妈骗人"，"爸爸骗人"等话。这个时候，父母应该向孩子道歉，把不能兑现的原因同孩子讲清楚，取得孩子的理解和原谅，并在以后寻找适当的机会兑现自己没有实现的诺言。即使孩子暂时无法谅解，也不能用呵斥、教训的方式对待孩子，应该允许孩子表示不满。美国儿童心理学家罗达·邓尼说过："父母做错了事，或违背自己许下的诺言时，如果能向孩子说一声对不起，可以帮助孩子建立自尊，同时能培养孩子尊重人的习惯。"

父母诚实并信守诺言，不仅能为孩子树立诚实守信的榜样，同时也是教育孩子做诚实守信之人。如果孩子有不诚实或失信的举动，父母要及时指出，提醒孩子做诚实守信的孩子，遵守自己的诺言，并告诉孩子如果这次说话不算数，那么以后就不会如愿以偿了。父母平时一定要注意，自己做不到的事绝不要乱许诺，不要轻易许诺。有的父母为了迎合孩子的心理，不论孩子要求什么都一一答应，今天一块巧克力，明天一块棒棒糖。而当许诺不能兑现时，孩子就会认为父母说话不算数，对父母大嚷大叫，失去信任和尊敬，渐渐地不相信父母的许诺，甚至自己养成说谎的习惯。所以，父母为了培养孩子的诚实品格，对孩子也要遵守诺言，这样才能对孩子有说服力。而从小培养孩子信守诺言的习惯，会使孩子终身受益。

诚实守信是良好人品的表现，而它不是与生俱来的，是在实践中慢慢养成的。百尺之台，始于垒土。父母一定要注意让孩子从小事做起，从一点一滴做起。当孩子从小形成一种一旦撒谎骗人就感到耻辱、不安、难为情的心态时，他就会逐渐成为一个诚实守信、讲信义的人。

不诚实守信比缺乏学识更危险，因为不诚实守信意味着一个人做人做事没有原则和底线。所以，父母要教育孩子不应只注重知识上的发展，还要注重人格上的修养和进步，无论在什么时候、什么情况下，和什么人在一起，都要忠于自己，言行一致，坚守自己的信仰及价值观。

父母要让孩子知道，当自己犯了错误时，最好的办法是坦率地承认和检讨，并尽快对错误进行补救，绝不能回避、掩盖错误，更不能推卸责任，因为诚实是为人第一重要的品质。一个人一旦做出了许诺，就要信守诺言，因为守信是人的立身之本。

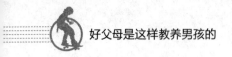

⚫ 培养爱心意识

人之初，性本善。每个人天生就具有爱心。孩子从小就应该受到各种爱心教育，如热爱祖国、敬爱父母、尊重他人、善待动物、保护弱小等。毋庸置疑，这些包含着爱心的行为习惯的形成，会对孩子的成长产生重要的影响，也有利于孩子养成良好的社会行为习惯，使其与别人交往时更加融洽、更加友善。

父母是孩子的第一任老师，从小培养孩子的爱心是父母的责任。那么，父母应该怎样培养孩子的爱心呢？

1. 父亲要教孩子爱母亲

我们常常听到母亲们抱怨孩子如何不关心自己，尤其是男孩子，粗心大意，不懂得照顾母亲的情绪。从表面上看这是孩子的错，但若深究的话，就会发现这种行为的产生与父母的教育有很大关系。

父母是孩子最早的"爱"的教师，孩子正是从父母彼此相爱、真诚相待的氛围中感受到家庭之爱，并且将这种爱推及他人。丈夫应该尊重并爱自己的妻子，以此来教育孩子尊重并爱自己的母亲，而孩子正是从爱父母开始，逐步扩大到爱老师、爱朋友、爱每一个人。如果一个人连自己的家人、自己的母亲都不爱，是很难真正地爱其他人的。

在培养男孩的爱心方面，父亲的作用尤为关键。父亲应该教育孩子尊重母亲，不要对母亲高声大喊，不要嫌弃母亲的唠叨（因为这也是母亲爱的表现）。父亲应该教孩子关心母亲，关心母亲的身体，体谅母亲的辛苦，在母亲遇到困难时挺身而出，站在她身旁说："妈妈别怕，我在这里。"父亲应该教育孩子感激母亲，感谢母亲为了家庭、为了孩子的辛劳付出。当然，母亲也应该教育孩子爱父亲。

2. 在日常生活中培养孩子的爱心

（1）教育孩子热爱生命、热爱动物。父母借用爱护小动物启迪孩子的爱心，是最直接、最有效的方式。父母要告诉孩子，

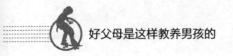

每一个生命都是宝贵的，所以要爱护小动物。小动物活泼可爱的天性能唤起孩子的爱心和同情心，是一种极为有效的方法。

（2）帮助孩子克服自私自利的性格。

"我的"、"给我"、"我要"，这是孩子最常说的几个词，由此可见，孩子的自我意识非常强烈。人都有自私的一面，自私是个体存在的必要条件，但人只有将自私控制在合理的范围之内，才会让爱心在人性中放射光芒。因此，父母要帮助孩子克服自私自利的性格开始。

比如，父母要"取消"孩子在家中的"特殊地位"，让孩子知道自己在家庭中与其他成员是平等的，以消除其"以自我为中心"的意识；要教育孩子尊重和关心长辈，让孩子学会首先考虑他人，当别人为自己提供帮助时要表示感谢，当别人不便时，自己应尽可能提供帮助；要让孩子主动承担力所能及的家务劳动，让他体验父母劳动的艰辛，养成热爱劳动的好习惯和独立生活的能力，以便将来为家庭和社会多做贡献；父母还要经常为孩子创造与小伙伴交往的机会，鼓励孩子将自己的玩具借给小朋友们玩，让孩子学会与别人分享，而当父母拒绝孩子的无理要求时，一定要说明拒绝的理由并让孩子明白。

3. 让孩子学会考虑别人的感受

角色转换能够帮助孩子理解别人的想法。比如，父母可以这样问孩子："你认为××总是欺负别人的原因是什么？"这时候孩子可能考虑到是因为××自我感觉不好，欺负别人会让他好受些。这样孩子就可能会改变对××的态度，或者自觉帮助他。比如，父母可以问孩子："你认为××总是跟着你的原因是什么？"孩子可能会想到是因为××很孤独，而且不知道怎么交朋友，以后就会试着关心××。比如，父母可以问孩子："为什么爸爸有时对你发火？"当孩子知道爸爸是因为工作压力大而心情非常压抑时，就会理解爸爸的不易，也会更加体谅和关心爸爸。

经常让孩子从别人的角度、站在别人的立场上考虑问题，会增强孩子的同情心，也会让孩子在不知不觉中成为心中充满爱的人。

榜样的力量是无穷的，也是最有效的。父母的言行对孩子成长所起的作用，是最直接的。如果父母孝敬长辈，关心亲朋，能与邻里和睦相处，孩子也会在潜移默化中成为有同情心、同理心的人。家庭成员之间的关心，夫妻之间的恩爱、体贴，对于培养孩子的爱心，更能够起到潜移默化的作用。

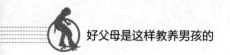

🏀 讲文明、讲礼貌、守规矩

在日常生活里，一个简单的"请"字，一声热情的"谢谢"，一声亲切的招呼，并不是多余的"形式"和"客套"，而是对人的尊重和诚挚的感情流露，它能使人感受到亲切、温暖和愉快。

但是讲文明、讲礼貌、守规矩习惯不是一下子就能养成的，与此相反，骂人、讲粗话、待人冷漠的坏习惯却会在不知不觉中养成。因此，为了培养孩子讲文明、讲礼貌的好习惯，父母平时就要关注孩子的语言，避免孩子沾染上骂人、讲粗话的坏习惯。而父母要想让孩子守规矩，就要多和孩子讲道理，以免孩子理解不了。

164

　　孩子的接受能力强，但是纠正自己不良行为的能力却比较差。习惯的形成不是一朝一夕的事情，如果父母发现孩子出现不文明的言行时就要提醒他改正，否则，形成根深蒂固的习惯后再纠正就困难了。

　　要纠正孩子不文明、不礼貌、讲粗话的坏习惯，最好的方法就是教孩子多使用文明礼貌用语，如"请"、"打扰您"、"对不起"、"谢谢"等。如果父母在语言交际中多使用这些词汇，孩子也会在耳濡目染中形成礼貌待人的说话方式。

　　父母在教育孩子讲文明、讲礼貌，守规矩时，也要讲究方式方法，善意的提醒比严厉的指责更有效。很多父母经常是很粗鲁地教育孩子要讲礼貌。当孩子忘了说"谢谢"时，父母会当着其他人的面指出来。当孩子打断大人们的谈话时，父母通常会生气地说："一边去，这里没有你说话的份。"但是孩子的行为不是故意的，他们有时是想表现自己，有时是真的忘记了规范自己的行为，而父母动辄批评、责骂和命令，只会让孩子心生抵触情绪。一般而言，父母批评时要对事而不对人，而且善意的提醒往往比严厉的指责更有效。

　　要想让孩子养成讲文明、讲礼貌的习惯，父母可以采用以下

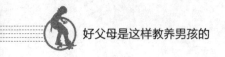

几种方法：

1. 解释法

父母在教育孩子文明礼貌守规矩时，不但要告诉他应当怎样做，还要向他深入浅出地讲明白道理，即为什么要这样做，这样做有什么好处等，这样孩子才能听到心里去，才能乐于接受并积极实践。

2. 练习法

父母要教会孩子正确使用礼貌用语，养成文明礼貌行为。这是一个长期的过程，父母不仅要耐心解释，而且要让孩子在行动上反复练习。因为，习惯的养成有赖于反复的实践，父母要经常给孩子提供实践的机会，使孩子较快地养成懂礼貌、讲文明守规矩的习惯。

3. 暗示法

父母在教育孩子要有礼貌时，首先应考虑到孩子的心理和接受能力。粗暴地说孩子不礼貌，不但不能使他变得懂礼貌，而且孩子会接受这样的评价，然后把它视为自己的一部分，甚至一直以这种形象生活下去。而有经验的父母一般是采取暗示的方法，比如在孩子耳边轻轻地提醒他要对人讲礼貌并因此而称赞他，这样会让孩子自然而然地接受并形成良好的礼貌习惯。

当然，父母只给孩子讲道理是难以有约束力的，父母还必须订立规矩约束孩子的行为，让他明白守规矩是一个人在社会上必须遵守的行为准则。守规矩与讲礼貌是相辅相成的，人没有规矩是缺乏教养的表现，缺乏规矩的孩子长大后也不可能懂得礼貌待人。

那么，父母怎样让孩子守规矩呢？

（1）培养孩子的规矩意识

父母要让孩子认识到规矩无处不在，例如交通规矩、游戏规矩、比赛规矩等。父母可以时常反问孩子，如果不遵守规矩会怎样？让孩子设想违规的后果，从而引起他对执行规矩的重视。

有时孩子具备了一定的规矩意识，但仍会违规，如偶尔上学迟到、打架骂人、不遵守纪律等。此时父母一定要指出孩子做错的地方，告诉他违规的后果，培养他自我约束的能力，提高他处理问题的能力，这样，孩子就能意识到不守规矩的后果，以后就会自觉地遵守规矩。

（2）培养孩子的反省意识

父母要引导孩子经常反省自己的行为，找出自己品格方面的

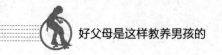

缺陷，诸如坏毛病、不良意识、错误念头等。父母要帮助孩子分析这些毛病，告诉孩子不妥当的地方要及时改正，以便逐渐完善自我。

（3）防微杜渐，严格要求

父母要教育孩子"勿以恶小而为之"。父母平时若是不教孩子认真做事、端正做人，不注意帮助孩子改掉小缺点、小毛病、小过失，必会使孩子日后酿成大错，出大问题。

⊕ 培养吃苦耐劳的精神

现实生活中，许多孩子缺乏吃苦耐劳的精神，依赖性很强。父母也不舍得让孩子吃苦，没有充分认识到吃苦耐劳的精神对孩子日后发展的影响。其实，吃苦耐劳精神对孩子而言是非常重要的，它不仅关系到孩子的做事能力，也关系到孩子是否有毅力、有决心克服困难。能吃苦的孩子，将来什么事情都难不住他；而缺乏这种精神的孩子，不仅面对困难时会束手无策，还会滋长惰性心理，最终一事无成。这样的孩子，长大后是很难立足于社会的。

美国最大的有线电视公司远程通信公司董事长约翰·马隆，准备将他的15亿美元遗产的一大半用于慈善事业。他认为："太多的财产会毁了孩子们，而不是有利于他们的成长。"1997年，当时的世界首富比尔·盖茨宣布，他不会给他刚出生的孩子珍妮弗留太多遗产，他的理由与马隆相同。美国富翁沃伦·巴菲特对他的3个孩子的"吝啬"是出了名的。他说，他死后不会给孩子留任何遗产。他告诫孩子们："不要认为出生在一个富裕的家庭便可一世衣食无忧，这种想法损害了我心中的公平观念。"英国房地产开发商彼得·德萨瓦里1997年宣布，他死后，他的5个孩子不会得到他价值2400万英镑的财富。

从上述事例中我们可以看出，无论家庭条件优越与否，吃苦耐劳的精神是每个人都应具备的。那么，父母应怎样培养孩子吃苦耐劳的精神呢?

1. 从小事做起

父母要充分认识到从小培养孩子吃苦耐劳精神的重要性，让孩子及早学会独立。同时，父母也要尊重孩子，把孩子当作一个独立的人来看待，了解孩子，观察他的愿望、兴趣，不要因为孩子年纪小、能力弱，就一切包办。此外，父母要让孩子多参加集体活动和家务劳动，让孩子承担一部分家庭责任，对孩子的事情不要大包大揽，让孩子从很多小事做起，如让孩子自己收拾书包、整理房间，自己处理家务等等。

2. 积极寻找日常生活中的锻炼机会

当孩子在寒冷的冬天不愿起床的时候，当孩子难以完成一项手工制作的时候，当孩子跳绳跳到最后筋疲力尽的时候，当孩子正在完成分内的家务活、小伙伴来找他出去玩的时候……这些都是锻炼孩子吃苦的机会。这个时候，孩子需要父母的鼓励、引导和鞭策，以坚定意志完成自己的任务。而在孩子做事过程出现难题、问题时，父母要引导孩子坚持做完正在做的事情，鼓励孩子坚持与困难做斗争。

实际上，吃苦耐劳的精神就来自生活中的一次次坚持。同时，父母要有意识地锻炼孩子在日常生活中处理问题的能力，使他在种种锻炼中逐步提高自己的自理能力。

吃苦耐劳精神来自日常生活中一点一滴的积累，每个孩子都有一定的吃苦耐劳精神，只是强弱不同。培养孩子吃苦耐劳的品质要从孩子的实际情况出发。比如，有些做事情虎头蛇尾的孩子，看起来很让人头疼，但是他能够很快确定目标、采取行动。这种孩子的弱点在于坚持性和自制力不足。父母对待这样的孩子，一定要提醒他一旦确立目标、开始行动，就要克服困难坚持

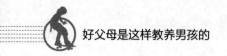

下去，不能半途而废。而在行动过程中，父母要帮助孩子正视困难，克服困难，不断地激励他、鼓励他，直到他完成任务。

3. 有意识地让孩子"吃点苦头"

在物质条件优裕的环境中长大的孩子难免养尊处优，缺乏吃苦耐劳的精神，因此父母要有意让孩子"吃点儿苦"，这样会锻炼孩子的毅力。父母还应对孩子进行一些挫折锻炼，比如，孩子受挫折时，鼓励他自己解决问题、战胜挫折；孩子和其他小朋友争论时，父母不要替孩子争论或指责其他小朋友。

当然，对于尚未经过风雨、见过世面的孩子而言，在培养吃苦耐劳精神的过程中，在遇到困难或挫折时，意志消沉往往是难免的。这时，来自家长的鼓励和帮助是至关重要的，因为一旦孩子在父母的帮助和支持下，鼓起勇气渡过了难关，孩子就会建立起战胜困难的意志和信念。

⊛ 培养分享意识

很多小孩子认为凡是他的玩具别人就不能动，他喜欢吃的东西别人就不能吃，他喜欢的物品别人就理所当然要让给他先用……总之，凡事都要以他为先，好吃的、好玩的都应该归他，否则就大发脾气，又哭又闹，连父母都拿他没有办法。这是一种非常不良的性格特征，这样的孩子心中只有自己，不顾及他人感受，更不会体谅他人。随着年龄的增长，孩子自私自利的性格越发严重，没有爱心，不会与别人一起分享、合作，导致性格孤僻、偏激，为人处事只以"自我"为先。所以，为防止与纠正孩子的自私自利行为，培养分享意识是父母早期教育的重要内容。

儿童心理学家研究指出，自私自利的孩子，除了有"食物不肯给别人吃"、"玩具与学习用具等不愿借给别人用"等最直接的特点外，还具有如下主要特征：做事斤斤计较，爱讲条件；缺乏自我牺牲与奉献精神；不懂得谦让；思想比较保守，缺乏同情心；适应能力较差；心胸狭窄，嫉妒心强；做事犹豫、多疑，缺乏果断性。

那么，孩子为什么会形成自私自利的性格呢？这主要是因为孩子生活环境的影响，如父母过于溺爱孩子，使孩子养成"吃独食"等不良行为习惯；孩子缺乏与人交往的机会，没有机会体验与人分享的快乐。

而性格开朗的孩子一般都热情大方、乐于分享，所以父母应该从小让孩子养成开朗的性格，这样才能有利于他今后的发展。那么父母该怎样从小培养孩子开朗的性格呢？

1. 教孩子与人融洽相处

能和他人融洽相处的人的内心世界较为光明美好。父母不妨带孩子接触不同年龄、性别、性格、职业和社会地位的人，让他学会和不同类型的人融洽相处。当然，孩子首先得学会同父母和兄弟姐妹融洽相处，同亲戚朋友融洽相处。此外，父母自己也应与他人融洽相处，做到热情、真诚待人，给孩子树立好的榜样。

2. 鼓励孩子多结交朋友

有的父母整天把孩子关在家中，不让孩子出去与小伙伴玩，怕孩子吃亏受气；有的父母怕孩子出去玩会影响学习，把孩子关在家里做功课等。这些做法，都会束缚孩子的身心发展，影响孩子社交能力的培养。

孩子健康的身心是在社交活动中、集体生活中形成和发展的，不善交际的孩子享受不到友情的温暖，大多性格自私狭隘，以自我为中心，生活在自己的世界中。孩子之间的交往实际上比孩子与成人的交往更具有重要的意义。

实际上，很多3岁以前的孩子不太会和小朋友一起玩。此时父母要想办法教孩子与别人的孩子一起玩，使他感受到和小朋友共同玩耍的快乐。3岁以后，孩子喜欢模仿并愿意与小伙伴共同玩耍，但孩子没有什么择友标准，只要有人和他一起玩耍、交换玩具他就很高兴，"谁跟我玩，我就跟谁好"。这时的父母不必担心孩子的择友观，应该尽可能多地让他跟别的小朋友玩，特别是同龄小朋友，这有助于他改变"以自我为中心"的习惯，学会与他人分享。

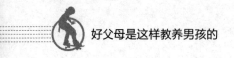

3. 教育孩子与小伙伴友好相处

孩子是愿意与小伙伴一起玩的，但孩子常常会为了争夺一件玩具或争当某个角色而与小伙伴发生争吵，甚至哭闹，这是正常的现象。父母要正确引导和教育孩子，使孩子与小伙伴交往时尽量不争吵，即使有了矛盾，也能很好地解决。

当有别的小朋友到家里来玩时，父母应和孩子一起表示欢迎，拿出食物和玩具与他们分享。别的小朋友想看孩子的书、玩他的玩具，父母要教育孩子大方地拿给他们，并且愉快地和小朋友一起玩，不要自私自利、不愿分享。

在孩子和别的小朋友做游戏时，父母要告诉孩子，在游戏中要互相商量，要有谦让精神，要有不怕吃亏的心态，要遵守约定的纪律和规矩，不要总想着"指挥别人"，只有这样，游戏才能玩得好。

4. 给孩子提供分享的机会

慷慨待人的品格是在日常生活中形成的，所以父母在日常生活中应尽量为孩子提供机会，让孩子练习分享行为。如买回的糖果不要全部留给孩子吃，要让孩子把糖果分给家庭成员，与家人共同分享；玩耍时，引导孩子把心爱的积木、玩具等分一些给小其他朋友玩。当孩子把自己的东西与他人分享时，父母应及时称赞孩子的慷慨之举，使孩子得到快慰的心理体验。在孩子与小伙伴的交往过程中，父母还可以引导孩子们相互交换玩具进行玩耍。在相互交换玩具的过程中，孩子就会逐渐明白礼尚往来的道理与分享的快乐，这对孩子慷慨品格的养成有着重要的意义。

5. 鼓励孩子帮助困难者

在生活中，我们常常会遇到一些身处困境、需要帮助的人，此时父母应鼓励孩子热心相助，如把自己的玩具或食物送给贫困家庭的孩子，把自己的压岁钱捐给受灾的地区或急需钱治病的人，也可以让孩子帮助别人做一些力所能及的事情。这些经历会帮助孩子建立一种帮助他人的使命感，最后形成稳定的慷慨助人的性格特征。

6. 要给予孩子正确、适度的爱

父母爱孩子不是一味满足他物质上的所有要求，要避免在物质上给予孩子太多。父母在物质生活上一味迎合孩子的需要，会助长孩子的自私自利心理和自我中心意识。

7. 创建快乐的家庭气氛

家庭的氛围和家庭成员之间的关系，会在很大程度上影响孩

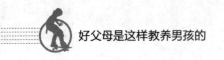

子的性格。有研究表明，孩子在牙牙学语之前就能感觉到周围的气氛，尽管当时他还不能用语言来表达自己的感受。可以想见，一个由性格狭隘、自私自利的人所组成的家庭，绝对培养不出开朗乐观的孩子。只有家庭成员都具备良好的性格且家庭具有和谐的气氛，才能对孩子开朗快乐性格的形成起到潜移默化的作用。

8. 采取丰富多彩的教育形式

父母可以利用电影、电视、童话、故事等作品中的榜样形象教育孩子、熏陶孩子，不要生硬地说教。父母还可以通过各种游戏活动培养孩子为人大方、与人为善的良好道德品质和活泼开朗的性格，以及分享的意识。这样，孩子在各种榜样行为的影响下，会逐渐产生慷慨待人的意识，为慷慨品格的形成奠定良好的基础。

9. 培养孩子公平的观念

孩子大都有过和别人相争的经历："哥哥那块蛋糕比我的大，不公平！""为什么弟弟可以不做家务！"其实，孩子内心中的公平是他在与别人的比较中所做的权衡，所以，在教育孩子何谓公平之前，父母先要教孩子克服自私心理，懂得付出和为别人考虑。如果孩子能有为别人着想的观念，那就不会自私自利了。

父母要重视从小对孩子分享意识的培养，要让孩子养成热情开朗、不自私自利的性格，懂得分享与合作，这样才能为他顺利成长并融入社会打好基础。

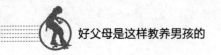

让孩子成为善良的人

很多父母对孩子的智力发展和身体发育十分重视，却很少考虑如何让孩子学会同情、关心和帮助他人，这对孩子的健康成长十分不利。

对一个人而言，什么是最重要的东西？美国著名作家亨利·詹姆斯的侄子曾经问过他这个问题。当时，詹姆斯回答说："人生有三样东西是最重要的：第一是善良；第二是善良；第三还是善良。"善良是人高尚品质的核心，正如人们常说的"人之初，性本善"，善良是人真性情的表现。父母从小让孩子养成善良的品质，对于孩子以后很好地融入社会是十分有帮助的。

然而，现在很多生活在优越家庭环境里的独生子，享受着父母以及长辈们无微不至的照顾，却从不懂得体谅父母和他人的辛苦，不懂得心疼长辈。这些独生子只知道享受，不懂得付出，甚至养成自私、懒惰、怕吃苦的坏习惯。由于很多家庭都只生了一个孩子，特别是生了男孩，爷爷、奶奶、姥姥、姥爷都围着孩子转，这些孩子不缺吃，不少穿，不缺玩具，更不缺少爱，但就是缺少善良的品质。这样的孩子如果得不到正确的教育和引导，很容易成长为冷漠、自私、任性又脆弱的人，他们不懂得爱父母、爱同学，也不知道关心别人、为别人服务、为社会尽义务。所以，好父母要从小就教育孩子与人为善，懂得感恩和分享，引导他成长为心地善良的孩子。

那么，如何培养孩子善良的品质，让孩子学会与人为善呢？父母可从以下几个方面入手。

1. 为孩子创造温暖、友爱的成长环境。

人的善良品性表现在日常生活的点点滴滴中。比如，孝敬父母是一种善良的表现，比如，孩子对父母的爱是对其所受到的父母之爱的回应；比如，关心朋友是一种善良的表现，因为有朋友的人才会是幸福完整的个体；比如，对陌生人伸出援助之手，是一种善良的表现；比如，关爱弱势群体，也是一种善良的表现。

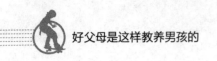

父母要为孩子营造充满善意的家庭气氛，教导孩子对师长、朋友、亲戚、邻居以及一切需要帮助的陌生人都友好相待。要让孩子觉得善良、友好这种品质在生活中非常重要，让孩子在善良的环境熏陶下健康成长。

2. 给孩子创造表达善良的实践机会，并赏识孩子的友善举动。

孩子受到别人的友善相待会感到非常愉悦，此时父母可趁机告诉孩子行善是一件令人愉快的事，并鼓励他也要对别人善良。

父母想要让孩子养成善良的习惯，就要在他做了正确的事之后对他表示肯定和表扬，同时，让孩子形成善良品质的最好方法就是让孩子多帮助别人，并在孩子帮助他人之后给予肯定和鼓励，让孩子体会到帮助他人的快乐，从而使其养成乐于助人的习惯。比如，当孩子帮了别人一个小忙，或者替别人着想时，父母要及时给予赞扬，鼓励孩子的想法和行为，并带动他为别人多做一些力所能及的事，让孩子知道父母希望他能成为乐于助人的人。

3. 教育孩子学会以不同的方式帮助别人

帮助他人的方式有很多，包括安慰、提醒、分享、给予、协助等方式。乐于帮助别人，并且能以恰当的方式帮助别人的孩子，肯定会受到同伴的欢迎和喜爱。因此，父母要教育孩子学会以下几种帮助别人的方式：

（1）教育孩子注意别人的需要。

当同伴处于困难中时，有些孩子能很快地察觉到，并施以援手；而有些孩子却毫无反应，意识不到同伴需要帮助。因此，父母要经常教育孩子注意关注他人，学会如何从别人的表情、行为中看出对方有需要，让孩子学会观察、关心他人。

（2）训练孩子及时做出助人的决定。

据心理学家研究，情感的力量有助于孩子做出助人的决定。对于5岁以下的孩子，父母希望他帮助他人时，可以引导他回忆自己经历过的类似情景和感受，比如，"以前你系不上扣子的时候，是不是挺着急？""上次你摔了跟头，是不是也这样哭过？"父母可以通过唤起孩子的"共情"，让他感同身受而去主动助人。对于5岁以上的孩子，父母可以设置一些情景，让他设身处地为别人着想，使孩子对需要帮助的人产生同情，进而做出助人的决定。

（3）引导孩子做出恰当的助人行动。

有时孩子没有去帮助别人，并不是他不想帮助，而是心有余而力不足。这个"力"包括个人的能力，助人所需的特定技能

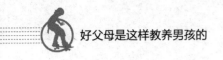

(如想帮小朋友系扣子，自己就要会系扣子)，有效的策略和知识(如遇到别人突发重病时知道如何求助)，以及进行人际交流的能力(如向他人求助时知道怎样把事情说清楚)。这些能力，需要父母在日常生活中逐渐地教给孩子、示范孩子。父母也可以在实际生活中时引导孩子提高助人的能力，像模拟类似的情形，告诉孩子应该怎样去做。

（4）为孩子做出良好的示范。

父母的行为对孩子有着最直接、最持久的影响。为孩子树立学习与模仿的榜样，是父母的首要任务。在日常生活中，父母应首先做到助人为乐。比如，乐于把东西借给邻居使用，主动把好吃的食品拿出来与别人分享，舍得把自己心爱的物品送给别人等。

如果父母能做到与人为善、乐于助人，孩子就能以父母为榜样，自然而然地在心中播下善良的种子；如果父母教育孩子要乐于助人，自己在生活中却处处表现得自私自利，这样的教育显然不会真正发挥作用。

（5）为孩子寻找助人为乐的榜样。

父母除了自己以身作则外，还可以利用电影、电视、童话故事等文艺作品中的榜样人物以及社会上的道德模范来教育孩子，熏陶孩子。榜样的力量是无穷的，如果孩子能真正认识到助人为乐的重要意义，真正把助人为乐作为自己要努力的方向，把助人为乐的人作为自己学习的榜样，在各种榜样行为的影响下，孩子就会逐渐形成助人为乐的意识，成为一个善良的人。

（6）让孩子相信自己有能力帮助别人。

有些孩子在他人需要帮助时，表现出迟疑或冷漠。其实，孩子本身是愿意去帮助人的，只是缺乏自信——不相信自己能做到或做得很好，发挥作用，不相信自己能帮助别人。

因此，父母要经常寻找机会，让孩子学习自己的事情自己做，并让他适当地帮助他人做些事。父母还要在孩子做好事后及时给予赞扬和鼓励，让孩子感到自己有能力、有信心，从而愿意帮助别人。

第五章

培养男孩的好人缘

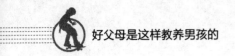

引导孩子正确交友

　　与人交往是发展孩子社会性的重要途径。孩子只有在与同伴、成人的友好交往中，才能学会在平等的基础上协调好各种关系，才能正确地认识和评价自己，形成积极的性格，为将来正常地进入社会、更好地适应社会生活打下基础。父母一定要从小培养孩子的社会活动能力，让他学会正确交友。

　　社交艺术是一门很重要的学问，对孩子而言，交朋友是一件令人高兴的事，也是孩子心理健康发展必不可少的一环。许多研究显示，若人在幼儿时期缺乏友伴或者被同伴拒绝，不仅会造成情感上的伤害，出现害羞、恐惧、自卑等不良心理反应，也会影响孩子日后性格的发展。

孩子社交能力的培养和父母的教育方式有很大关系。总的来说，孩子的社交能力是在和同伴、其他成人的交往中逐渐得到锻炼和发展的，当然，父母要一步步指导孩子，也可采取如下做法。

1. 培养孩子友好热情、文明礼貌的品质

拥有良好的品行是孩子与人交往的基础。只有讲文明、懂礼貌、有分享意识、有爱心、善于照顾别人的孩子，才会有众多的玩伴；而那些自私、刻薄、不关心别人的孩子，别人也不会愿意与其玩耍。所以，父母从小就要培养孩子友好热情、文明礼让等好习惯，为其与人交往打下良好的基础。

另外，父母还要注意培养孩子多方面的兴趣、爱好和特长，因为孩子只有增强各方面能力，才能更好地培养自信心；孩子有了自信，才能更加愉快和热情地对待他人，小朋友们自然就喜欢和他在一起玩。

2. 给孩子创造更多的交往机会

父母要常带孩子出去玩，鼓励自己的孩子和别人家的孩子交往。如果孩子交到要好的伙伴并请他到家里玩，父母一定要表示欢迎，不要怕孩子们吵闹或把家里弄乱。父母也可以经常请同

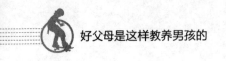

事、邻居家的小朋友来玩，教给孩子一些常用的与人友好相处的策略，如和小朋友玩玩具、和小朋友做游戏等。

节假日里，父母也要多带孩子到人多的地方，鼓励孩子向其他陌生的朋友问好，不要怕羞、胆怯。

3. 教给孩子具体的交往技巧

孩子交往技能的培养，离不开父母的具体指导。父母要多留意孩子在生活中的交往行为，适当地给他一些帮助。例如，父母要让孩子学会请求、学会协商、学会发表自己的意见；让孩子懂得宽容、懂得克制、懂得照顾别人的利益和要求；让孩子学会说"谢谢"、"对不起"等礼貌用语。

4. 让孩子主动接近别人

有的孩子非常被动，不会主动向别人打招呼，更不会主动去认识一些新朋友，即使到了一个新的社交场合，他仍然是站在那里，等待别人主动接近他。此时，父母要鼓励孩子主动接近别人，寻找朋友，告诉他不要害怕与人交往，和大家一起玩才快乐，而且与大家在一起，也是学习的好机会。

5. 告诉孩子热心助人是一种美德

父母从小要利用故事、游戏等形式给孩子灌输这样一种观念：所有的人都需要别人的帮助，应该把帮助别人当作一种习惯，一旦别人有困难的时候，我们要主动伸出援手，这样，如果自己有困难别人也会主动来帮助。父母要告诉孩子看到别人需要帮助时应主动帮一把，要想得到别人的帮助，就不能自私自利。

6. 帮助孩子理解和接受别人的个性

人人都有其个性，让孩子明白接受别人的本来面目是一件正常的事，因为别人也会尊重我们的本来面目。父母要告诉孩子经常站在他人的立场上考虑他人的心情，并且要感受到他人的需求，这样才能更好地与他人交往。

孩子的交友也要本着交好友的原则，不能无原则地让孩子滥交友，更不能不管孩子的交友，任其交友，否则孩子可能受到不良影响。

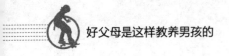

🏀 培养合作精神

随着社会的发展，"合作"已经越来越为世人所重视，不只成人间需要合作共事，孩子也需要从小培养合作意识。

华人富豪李嘉诚指出："教孩子学会与人合作，是家庭教育中最重要的内容。"他说："我至今仍把2/3的精力放在教儿子做人的道理上，其余的1/3精力才在谈生意。世界上每一个人都精明，要令人家信服并喜欢和你交往，那才最重要。"由此可见，父母应当加强对孩子合作精神和利他意识的培养，要让孩子掌握与人和谐相处、合作的要领。

为了培养孩子的合作精神，父母可参考如下建议。

1. 让孩子懂得与人合作的重要性

父母可以找机会让孩子体验一下个人无法完成某件事情时产

生的挫折感，从而懂得与人合作的重要性。比如父母可以在家中和孩子玩一些需要合作的游戏，或是做一些需要多人合作才可以做到的事情，如家里的家具需要挪位置，父母可以让孩子一个人先试试，孩子肯定是搬不动的，这个时候，父母就可以适时地对孩子讲解与人合作的重要性，然后和他一起搬动家具，让孩子认识到，有些事无法独自完成，与他人合作是必要的。

2. 让孩子体验合作的乐趣

在生活中，父母可以给孩子设置一些合作项目，让孩子尽量通过合作去完成任务。如果孩子一时没有完成任务，也不要责怪孩子，而应该让孩子明白，合作不一定都会达成目标，虽然有些合作的结果是失败的，但是，在合作过程中，参与者倘若都尽了自己的努力，没成功也是快乐的；倘若成功，每个参与者都会感到非常愉悦，这就是合作的乐趣。

3. 培养孩子通过协商解决问题的能力

要想让孩子学会与别人愉快合作，父母首先要教导孩子站在对方的立场上想问题，一起讨论出大家都可以接受的结果。例如，妈妈和孩子两人为了争看电视内容而发生了争执，一个要看连续剧，一个要看动画片，两人都说对方"霸占"了遥控器。妈妈可以这样和孩子商量："我们来讨论一个我们都觉得公平的方法吧！我们每个人先说出自己最爱看的电视节目，如果有冲突，再来协调，可以每周一至周五由爸爸和妈妈决定，周六和周日由你自己决定，这样好不好？"这样，孩子就会逐渐学会和别人通过协商解决问题，使得双方都得到满意的结果。

父母还要教育孩子具体问题具体分析。例如，孩子和爸爸分一瓶果汁，两人各得半瓶，表面上是等量，但这并不一定就合理，因为爸爸是成人。所以爸爸要告诉孩子，要想与别人长期合作就要体谅和照顾对方。父母教导孩子自行解决一些小冲突，这有助于他养成宽容大度的品格，更好地与人合作。

4．"放权"给孩子

随着孩子逐渐长大，父母也应适当地把家庭中的各种"决定权"下放给孩子，让孩子当家，做"小主人"，学会主动与人合作。比如，让孩子策划一个有趣味有意义的双休日活动时，父母要启发孩子：先分别征求家人的意见，再考虑自己的意愿，最后再拿出一个使大家都满意的活动方案来。"放权"活动在家庭中可以多做一些，即使有时孩子做出令家长不满意的决定，父母也不用着急，要告诉孩子他的决定哪里不对，怎样做更好。

5. 经常让孩子参加家庭会议，和孩子一起制订"家规"

对孩子来说，参加家庭会议是很有吸引力的，他会觉得新鲜、有趣，并会因为与父母"平起平坐"地讨论家庭大事而充满自豪感。父母要使家庭会议达到预期目的，必须使每位家庭成员都有权提出问题，其他家庭成员有义务倾听，然后共同讨论，形成决定。切忌不经过讨论直接分配工作，会上大家应该共同制订计划和解决问题，若仅限于分配工作，孩子就会兴趣大减。每次开会的时间不宜过长，尤其对于年幼的孩子。

父母要把孩子看作是有独立人格的人，使孩子学会与家人合作。家中凡是涉及孩子的一些重大决策，父母都应尽可能与孩子商量，共同制订家庭的规章制度，设计家庭的日程表，合理安排家庭活动。比如，一起商量安排晚餐的时间、看电视的时间、弹钢琴的时间、学电脑的时间……告诉孩子一旦共同制订出规则就要严格执行，睡觉的时间到了就要去睡觉，吃饭的时间到了就要去吃饭，而不能采取不合作的态度，或者向父母提出任何不合理的要求，更不能无理取闹，否则，以后就不允许他参与家庭会议。

6. 让孩子参与家务劳动

培养孩子的合作精神，最好的方法是让他参加家务劳动。

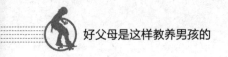

父母要告诉孩子，随着年龄的增长，他要有一定的做事能力，家庭成员应相互帮助，每个人都应该承担一些家庭劳动的责任。家务劳动对孩子而言是很好的合作教育，父母要让孩子知道维持一个家庭的正常生活需要花费多少力气，让他体会父母的辛苦与辛劳，同时也让孩子知道每个人都要各司其职，相互帮助才能生活得更好。

7. 让孩子学会关心别人

父母在给予孩子关心的同时，也必须让孩子学会关心别人，让孩子在接受爱的同时也学会去爱他人。如果孩子从小得到父母给予的充分的鼓励、关注和爱，看到父母在任何事情上都显示出坦诚、理解、平等的态度和相互尊重、相互合作的精神，当他走向社会时，也必然会以友善、坦诚、平等和尊重的态度来对待他人，赢得他人的认可和尊重。

懂得合作的孩子长大成人后，会很快适应工作中的集体协作，并发挥积极作用；而不懂得合作的孩子，长大后在生活中会遇到许多麻烦，并且不会妥善处理。所以，父母要尽早培养孩子的合作精神。

⬤ 培养组织能力

父母要让孩子认识到，组织能力对他具有非常重要的意义。

具体地说，组织能力会让孩子在以下几个方面受益。

1. 提高办事效率，合理地安排学习和生活

如果孩子拥有较强的组织与协作能力，就能够合理地安排学习和课外活动，提高时间的利用效率，从而使预定的目标得以实现。很多孩子做事磨蹭，没有时间观念，被动听人指挥，这都是没有组织能力和协作能力的表现。

2. 培养领导才干，掌握驾驭能力

培养孩子协作、组织能力，对于增长孩子的领导才干具有十分重要的意义。很多孩子对于历史上那些取得了丰功伟绩的政治

家、军事家总是从心底产生出崇敬之情，父母要让孩子知道那些历史人物之所以能取得丰功伟绩，正是基于他们非凡的协作和组织能力。父母要让孩子在学校里积极争取担任一些职务，像幼儿园小班长、学校或班级干部，这都是培养领导能力的较可行的方式。

3. 让孩子学会与人沟通、合作

父母要让孩子认识到拥有较强的组织协作能力，会较容易拥有良好的人际关系，与人在沟通、合作等方面会更加顺利。孩子如果具备了良好的人际关系，能更容易获得老师和同学的帮助，因而更可能获得优秀的学业表现。与人学会沟通、合作，首先不能有骄傲情绪，不能看不起他人，说话要有礼貌，要谦和，与他人相处要懂得"吃亏"。

4. 引导孩子正确面对输赢

虽然说好强是孩子的正常心理，但如果孩子的得失心过重，每一次输赢都让他耿耿于怀的话，就会影响他的心理健康和人际关系。面对"输不起"的孩子，父母需要费点心思，帮助孩子排除心理障碍，让他学会以平和的心态面对输赢，把注意力放在做事的过程上。

5. 父母要正确看待孩子的输赢

父母在教育孩子正确面对输赢时，自己首先要端正心态。在生活中，一些父母往往喜欢将孩子的成功当作自己的"面子"，赢了，就夸孩子聪明、能干；输了，就指责和埋怨孩子笨。这种教育方式是最不可取的。这样做，很容易让孩子走向两个极端：要么失败了就一蹶不振；要么就争强好胜，非赢不可。作为孩子的启蒙教师，父母在孩子个性的形成过程中起着非常重要的作用。要帮助孩子克服"输不起"的心理，父母首先要平衡自己的心态，正确看待孩子的失败。当孩子失败受挫时，父母应该教育他克服沮丧和悲观的心态，帮助孩子分析失败的原因，建立积极的心态，对待暂时的失败，继续为目标而努力。

6. 帮助孩子建立自信

父母应积极培养孩子做事的信心，应该尽可能地协助孩子体验成功，建立自信。但是失败在生活中是不可避免的，父母要让孩子把它看作是人生的另一种体验。特别是在孩子遭遇失败、情绪低落时，父母要积极鼓励孩子，告诉他失败不可怕，帮助孩子分析原因，建立自信，乐观面对挫折。

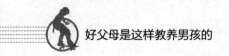

7. 让孩子在挫折中成长

虽然父母要尽可能协助孩子成功，但切忌在平时的生活中过分刻意地为孩子排除一些在正常环境中可能遭遇到的困难。当孩子遇挫时，父母不要立刻插手，不妨留给孩子自己面对挫折的空间和机会。比如，孩子用积木搭一座高楼，快成功时"楼"塌了。面对孩子的沮丧，父母尽量不要直接替他解决问题，可以和他一起讨论，引导他去思考，然后让他自己去寻找解决的办法。孩子克服挫折的能力和动机，常常来自于遭遇过的挫折，当他的经验足够丰富时，他就可以得到更多的成就感和自信心了。

父母要鼓励孩子积极加入幼儿园、学校中的各种团体，努力利用各种机会甚至创造机会来参与集体活动，以锻炼孩子的组织能力。这对于孩子思维结构的优化、表达能力的锻炼特别是领导能力的提高有着极大的益处。

⊕ 学会宽容，懂得谦让

　　什么是宽容？宽容就是宽大有气量，不计较、不追究。然而，在现实生活中，具有宽容性格的孩子并不是很多。曾有一所学校进行了一次思想动态调查，其中的一道题是：你和同学之间发生争吵，错在对方时，你是什么态度？在收回的40份有效答案中，选择"不再理他"和"对方不主动道歉，我绝不与之讲话"这两个选项的竟有31人，而选择"主动和解"的只有9人。

　　现在有些孩子受点儿委屈就对别人不依不饶，乃至"斗狠"；闹点别扭就与他人形同陌路，不会主动和解。这是不对的。那么，孩子为什么不能宽容同学、伙伴的过失呢？

　　究其原因，家庭因素起着主要的作用。例如：有的父母自身素养就不高，难以宽容他人的错误，有时候甚至还会强词夺理，蛮不讲理；有的父母怕孩子在外受欺负，教他在外要"凶点儿"、"狠点儿"、"霸道点儿"；有的父母溺爱孩子，孩子在外只要受点儿气，不管是谁的错，就责怪对方。试想，在这样的环境下成长起来的孩子，怎么能够宽容他人？还有，社会上存在的一些义气之争及报复性行为，也会对孩子产生消极的影响，助长他的骄气和霸气。而孩子自身对一些事情的看法及不同程度存在的骄横心理，也会影响到他对"冒犯者"的宽容度。

此外，在生活中，我们还经常会看到这样一些现象：父母在工作上敬业、上进、负责、办事认真，在家中尊重孝敬老人，待人热情、大方、真诚、平等，处事不失灵活，言行一致，表里如一，在这种家庭中成长的孩子多半积极上进、文明礼貌。相反，有些父母经常在孩子面前谈论目前社会上出现的一些负面新闻，总是发牢骚、讲脏话、怨气连天，孩子长期耳濡目染，也会变得缺少社会责任感和远大志向，看问题偏激、情绪不稳定、自私自利、任性蛮横。由此可见，父母的言论以及行为举止对孩子的影响非常大。

孩子间是没有根本的利害冲突的，孩子也是不可能不犯错误的，当孩子与同学、伙伴发生纠纷时，父母不要怕孩子吃亏，千万不能怂恿孩子与"冒犯者"对着干，更不能护孩子的短，替孩子"打抱不平"。父母要教孩子学会换位思考，去体会对方的感受，即"假若我是对方，我会怎么想，怎么做"。

那么，父母该怎样培养孩子宽容的品格呢？

1. 在家庭中营造一种谦让、和谐的气氛

家庭环境对孩子影响极大。要让孩子懂得谦让，就要使孩子置身于一个充满礼貌、谦让、和谐气氛的家庭中。在这样的家庭中，孩子耳濡目染的是尊老爱幼、文明礼貌、恭敬谦让的言行，孩子的言行自然也会向父母靠拢。

家庭成员对待客人的态度和言行也会对孩子产生影响，对待家里来的客人能否一视同仁，孩子会有所察觉。千万不要给孩子造成待人态度因人而异的感觉。家庭成员之间，特别是孩子的父母如果经常吵架、互不相让，对孩子的不良影响最大。在"火药味"极浓的环境中，孩子不仅不会懂得谦让，而且会对家庭生活产生厌倦情绪，性格会变得乖僻。可见，和睦、谦让、文明礼貌的家庭氛围，是使孩子懂得谦让的重要因素。

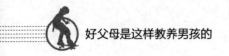

2. 要教育孩子与伙伴相处时懂得谦让

孩子在与伙伴一起玩耍、游戏时，会产生矛盾和纠纷。这时父母要引导孩子做到谦让和礼貌，不要与他人争抢。有时谦让会使孩子感到吃亏和受委屈，但父母要教育孩子从大局着眼，为长远着想，要让孩子明白坚持谦让礼貌的待人处事态度还是利大于弊的。

3. 要让孩子正确理解和发扬谦让的品格

谦让绝不是无原则的让步，也不是妥协退让。父母教育孩子谦让，绝不是要把孩子惯成不辨是非、不辨善恶的"和事佬"和无原则退让、胆小怕事的胆小鬼。父母要教育孩子对坏人坏事和不良倾向勇于理直气壮地斗争。即使对和睦相处的朋友，对于对方的缺点和错误也要直言不讳，而不能碍于情面。当然，这其中的界限，孩子尚不能把握得很好，但父母适时地告诉孩子这些道理是很有必要的，让孩子时时思考这些道理，才能使其学会及时发现问题并找到妥善解决的办法。

⊛ 培养正确的荣辱观

生活中，经常会听到家长抱怨：

"每次和孩子一起玩游戏，只要我赢了他，他就会很不开心，闹着这次不算，硬要重来……""我们家的孩子不会交朋友，游戏、比赛只能他赢，不能输，现在没有孩子愿意和他玩……""我们家的孩子……"

由于孩子心理承受能力比较差，所以常常无法正确面对输赢。当孩子在输赢面前"放不下"时，不少父母的做法可能都会不自觉地让孩子失望。比如：有时一句无心的话就会使孩子受伤，导致孩子需要安慰和支持时也不敢找家长，只好向外求助。所以，父母要学会去理解孩子，去洞察孩子的心理需要。当孩子恐惧、尴尬、失望或受伤时，此时的他最需要的并不是父母的指

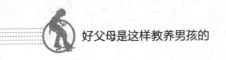

正，也不是父母的忠言，此时他最需要父母陪在身边，感受他的痛苦，安慰、支持他。

一个孩子快中学毕业了却闷闷不乐，后来孩子向父亲坦言自己不快乐是因为班里有多位同学获了不同的奖项，但他却什么奖也没有。父亲听后只是把孩子拥入怀中，说了一句"在我的心中，你是最好的"，孩子马上又露出了笑容。

为什么父亲一句话的力量如此之大？因为这位父亲敏锐地意识到孩子此刻放不下对荣誉的执着，孩子在失望之时最需要的是得到安慰，他需要知道无论自己的学业成绩如何，总会有一个人重视他。这位父亲的确是明智和善解人意的家长，这样的孩子在成长过程中一定会坦然地面对一切成败荣辱，锻炼出坚强的心理承受能力。

那么，面对孩子的每一次成功或者失败，父母该如何对待？尤其是孩子失败后父母应如何开导，如何教育孩子坦然地面对荣辱呢？以下几点建议可供父母参考。

1. 父母首先要认识到，孩子"输不起"是一种正常现象

从儿童心理学的角度来讲，孩子"输不起"是一种正常现象。无论什么事情，孩子总是希望自己能做到更好，比别人强，

获得周围人的认可。可是因为孩子年龄小，各方面都不成熟，并不了解自己的强项和弱项，在集体活动中，一旦输给别人，就会表现出不满、不高兴。因此，当孩子因为"输不起"而产生极端反应时，父母应当正确引导和安慰孩子，而不是漠视或纵容他的坏情绪。

2. 提高孩子的耐挫力

在集体游戏中，孩子会经历一些挫折和失败。这些挫折和失败的痛苦经历，可以让他更好地认识自己，发现自己的缺点和别人的长处。这样，孩子一方面可以学会如何欣赏别人，如何与同伴友好相处，共同合作；另一方面，在和同伴之间的相互交流和指导中，孩子能够学会克服困难、解决问题的方法。而在集体中的这些磨炼，有助于提高孩子的耐挫力和抗失败力。

3. 培养孩子的气质风度和博大胸怀

一般情况下，自私狭隘的孩子自身都有一定的性格弱点。如与他人交往时，喜欢让所有人围着自己转；当自己不能成为社交中心时，就会发脾气；嫉妒心强，当听到有人夸别人时，就不高兴；不懂得感谢，认为别人对自己的帮助是理所当然的。

对此类有性格弱点的孩子，父母要悉心引导。在孩子面前，父母可对获得成功的人多加赞美，并热情鼓励孩子虚心学习他人长处，积极支持孩子通过自己的努力去超越别人，战胜自己，使孩子的好胜心理得到正常的满足。父母不可盲目抬高孩子，贬低别人，以满足孩子暂时的心理平衡。父母对遭遇不幸的人应给予同情，不可幸灾乐祸，以免孩子受到不良影响。对孩子遇到的挫折，父母既不能简单粗暴地对待，也不能视而不见，要耐心地同孩子一起进行认真理性地分析，帮助孩子找到失败的原因，支持孩子再努力，从而锻炼孩子的心理承受能力，使孩子经得起任何风吹浪打。父母要教育孩子：对别人的成功要由衷地感到高兴，对他人的不幸要给予深切的同情，对自己的失败要具有再获成功的信心，而不应产生怨天尤人、垂头丧气、一蹶不振的消极悲观情绪。

生活的道路不可能是一帆风顺的，只有意志坚强的人才有可能取得人生的成功。荣与辱不仅成人要面对，孩子同样需要面对。作为父母，从小就要教育孩子正确面对荣誉和挫折，挫折是常有的，但却是暂时的，只要战胜挫折就能走上成功的道路。父母不应该剥夺孩子"跌倒"的权利，而是要培养孩子百折不挠的精神，让孩子拥有跌倒了再站起来的勇气！

第六章

培养男孩的思维能力和习惯

培养独立思考的能力

掌握高效思维的方法

掌握有效解决问题的技巧

学会科学用脑

选择适合孩子的教育方式

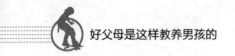

🏀 培养独立思考的能力

男孩的思维通常比较活跃，独立性也较强，因此，父母要充分重视培养男孩独立思考的能力，这对于他的成长至关重要。

人的大脑好比一台具有无限创造能力的机器，而大多数人对它的使用率还不到5%。大脑所具有的潜能主要由以下几个部分组成：一是人的感知功能；二是人对感情活动的控制功能；三是人类祖先通过积累储藏在新皮层中的智慧信息；四是人类从出生以来积累储藏在新皮层深处中的信息。这些潜能一般都隐藏在大脑深处，人们一旦用到时，就能很快将其回忆出来并加以开发利用，当然这需要借助于一些科学方法与技巧。

很多父母都曾努力尝试各种方法，帮助孩子开发潜能，有效地激发出孩子的创造力。有专家总结出了如下几种方法，这些方法对于父母培养男孩的独立思考能力很有帮助。

1. 笛卡尔的四种思维法则

笛卡尔是法国卓越的数学家、物理学家、生理学家和哲学家，解析几何的首创人，他可以说是历史上最具独立思考能力的人之一了。他总结出了以下四种思维法则：

（1）任何东西在未确认其真实性以前决不能认为是真的。也就是说，必须时刻保持小心谨慎，避免轻率从事或产生偏见。同时，人所接受的东西，应当是自己认为十分明显而又清楚、绝对无可怀疑的东西。

（2）要将探讨的疑难问题尽量加以分解，将一个复杂的问题分解为若干个较为简单、明确的问题，从而找到更好的解决方法。

（3）遇到问题要有条理地进行思考，首先要从最简单的问题开始，按部就班地进行，直到最复杂的问题。这样才能将问题化繁为简，化难为易。

（4）在对某一事物做出判断时，搜寻到的信息必须齐全，观察范围必须广泛，直到自己相信没有遗漏时为止，这样才能保

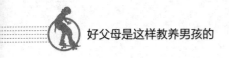

证自己做出的判断客观公正。

以上是笛卡尔总结出来的思考方法，这充分体现了他对独立思考的重视，他的思考方法值得我们借鉴。

2. 多读各种书籍，多参与社会实践

善于独立思考的人，大都有以下特点：博学、善问、富于钻研精神、重视实践。人看的书越多，知识面越宽，了解的事物便越多，于是看事物就越看越有趣，越有趣就越想看，形成了良性循环。反之，一个人如果不爱读书，知识面狭窄，懂的东西就少，对许多事物便不感兴趣，从而也就越不想看书，于是便容易陷入恶性循环。

多参与社会实践对人的帮助也很大。古人说"行万里路，读万卷书"，二者都是增长知识的好方法，也是提升思考能力的好方法。社会实践既锻炼了人的动手能力，也锻炼了人的动脑能力，可说是一举多得。

3. 多问"为什么"和"怎么办"

一个人遇到任何事情，都要考虑两个问题："为什么"和"怎么办"。前者追究原因，后者提供对策。二者是相辅相成的，因为人在遇到问题时只有搞清原因，才能想出办法。解决问

题的办法通常有多种，要从中选出一个最好的来。

父母在培养孩子的独立思考能力时，应采取多种方法，给孩子设置一些场景，锻炼孩子独立思考的能力。设置场景时要根据孩子的能力和实际情况循序渐进，先易后难，事情先小后大。父母在孩子读书时要培养他形成独立思考的习惯，让他看完后给父母讲一讲书中的内容，父母可以针对孩子所看的书提些问题让孩子思考，让孩子更好地消化、吸收和运用书中知识，并学会从书中发现问题、寻找答案。

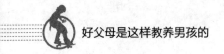

🏀 掌握高效思维的方法

人的左脑主要从事逻辑性、条理性的思维活动，右脑主要从事形象思维活动，是创造力的源泉，是艺术和经验学习的中枢。科学家研究认为，人如果能够充分发挥左、右脑的优势，形成高效的思维方式，对其个人发展将起到至关重要的作用。可是在现实生活中，许多人都忽视了对右脑的开发，导致自身潜能没有得到充分挖掘，这是非常令人惋惜和遗憾的。所以，注重全面开发，充分开发利用右脑，调整大脑两个半球的功能，对形成高效的思维方式、充分发掘自身的潜能是非常重要的。

不少学者在对人类思维的过程以及解决实际问题的过程的研究中发现，高效思维者与低效思维者思考过程的区别在于，前者思考问题条理清晰，后者则混乱无序。而一个人的思维习惯，是由其从小所受的教育和训练决定的。在学习和生活中，孩子会遇到各种各样的问题，不同的问题需要用不同的方法来解决。如果父母能从小就培养孩子高效的思维能力，那么，孩子将会在今后的成长中少走弯路，更容易取得成功。

为了提高孩子的高效思维能力，父母可以借鉴以下几种方法。

1．问题分解法

这种方法就是将复杂的问题进行分解，划分为一系列简单的问题，从而使问题的解决变得容易。也可以逐一研究问题的每一个层面，或从不同的角度对问题加以研究，通过其中的逻辑关系找到需要的答案。

比如，有这样一道题：蜗牛爬墙，日升六尺六，夜降三尺三，墙高一丈九，几日到顶？

看完题，你可能很快就列出这样的一个公式：19÷（6.6-3.3）=5.8。有人立刻会回答蜗牛用6天能爬到墙的顶端。

其实这个答案并不正确。现在我们用问题分解法来运算一下：

第一天蜗牛上升到3.3尺（6.6-3.3）。同理，第二天是6.6尺……到第四天晚上，蜗牛所在的高度是13.2尺。到了第五天白

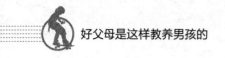

天，蜗牛又上升了6.6尺，所在高度为19.8尺。也就是说，到第五天的白天，它已经爬到顶点了，所以正确答案是五天。

可见，采用问题分解法，分步骤解答，能够更清晰地认识问题的本质，从而更快速准确地做出回答。

2. 图表解析法

图表解析法是一种非常有效的分析问题的方法。图表解析法就是在解决问题时，按照一个条件画出图形或者示意略图，或是精确比例图，或是表格、图解以及其他形象化的图形。借助图表使问题变得明朗化、具体化、形象化，能更清晰地呈现出问题内部的结构和逻辑关系，这将大大提高解决问题的效率。

一个图表所包含的信息量是相当大的，一个简单的图形常常可以表示出要用许多文字才能说清楚的问题。因此，图表越简洁清楚，越能帮助人思考，有利于人迅速地解决问题。

3. 重新表述法

重新表述法就是在解决问题时用自己的语言或表达方式，对问题进行重新描述，从而更透彻地理解问题，使复杂的问题简单化，这样就更容易得出结论。

使用重新表述法时要注意以下几点：一是要养成一个习惯，

在思考时要尽量把想法讲出来。二是思考问题要循序渐进，分步骤进行。逻辑思维的特点就是要划分步骤，逐步前进，这是掌握重新表述法的关键。三是重新表述法要综合运用各种方法技巧，并充分运用想象、直觉及创造思维等心理过程。四是在思考时，要从不同的角度对问题进行分析和思考，以获取解决问题的灵感。

4．分割限定法

分割限定法是一种将问题缩小到最低限度的技巧，即通过某些简单的推论或者直接抛开无关的因素、不可能的因素以及方向，来缩小问题的范围。这个过程就像放一个"篱笆"在问题的周围，将问题同无关的因素隔开，使其范围得到限定，这样问题的解答自然变得更加容易，也能增强解决问题的信心和能力。

在使用分割限定法分析并解决问题时，要注意以下几个方面。首先，要分析产生问题的各种矛盾，然后抓住主要矛盾和矛盾主要方面，找到问题的关键。其次，解决问题时要抛开非本质的东西、不重要的东西或错误的东西。通过这一不断排除的过程，最后的结论自然会出现。

5．充分列举法

充分列举法就是在寻求问题答案时，简明而无遗漏地列举

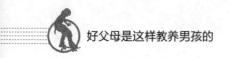

出各种方案、可能性以及各种情况、组合或安排等，逐一加以考虑，找出最佳方案。

运用充分列举法要注意以下两点：一是要列出各种可能性，避免遗漏，否则可能使结论出现偏差。二是该方法的关键在于思考问题要充分，要考虑问题的全部因素和可能性。所谓思考问题充分性，主要是指寻求到答案的正确性。而列举各种可能性就是为了保证答案正确。

6. 系列连环法

系列连环法是一种将问题的各种可能性、各个因素、各种不同方案按一定规则或内在关系联系起来的一种方法。可按时间或空间的序列联系在一起，也可按其他某种关系加以联系。联系时常采用图表或数形图解及其他方式，使其看起来更加系统、全面，便于追踪、考察。

系列连环法是一种很有效的方法，能极大地提高思维效率，对解决那些非常复杂、困难的问题很有成效。

7. 另辟蹊径法

另辟蹊径法是指在解决问题遇到障碍时，或解决过程太"漫长烦琐"时，应及时停下来重新考虑思路，改变解题方法，跳跃到完全不同的思路、观点或途径去展开新的思考，或者扩大视野，找到不同寻常的解决方法。有时要借助创造性思维、形象思维来达到目的。

此方法就好像走路，一般情况下，我们会按部就班、有条不紊、分步骤地到达终点。但有时也会遇到障碍、深沟、堤坝等，无法顺利地走过去，这时就要跳过去，或者拐个弯另选一条路，以达到目的地。

另辟蹊径法常常需要打破常规，使思路进入一个新的轨道上去，所以说它是创造性思维。人在解决问题时，有时百思不得其解，在偶然的机会却茅塞顿开。事实上，许多发明创造都同顿悟及跳跃式思维有关。

运用另辟蹊径法时要注意如下几点：一是要借助坚实的知识基础，只有依据丰富的信息、知识、逻辑关系才能完成这种思维跳跃。二是要借助其他思维技巧的帮助，通过想象、推理、预测、形象思维等探索出新的途径和方案，以便完成思维跳跃。三是要注意处理好思维跳跃与思维的坚持性的关系。就像挖井，在一个地方挖到9.5米没有出水，再坚持一下，可能到10米就出水了。如果你总是在挖到9米时就换地方，那么就会永远挖不到水。反之，如果你在一个地方挖了几十米还不见水，你仍然坚持，可能就会徒劳无功，也许换个地方更明智。可见，恰当地处理灵活性与坚持性的关系也是很重要的。

上述方法对孩子来说有一定的难处，因而要求父母应对此领会贯通，这样才能更好地教育孩子。这种高效思维的方法对年龄较大的孩子使用比较有效，因为年龄大的孩子领悟性较高，更容易接受抽象的方法。对低幼孩子，父母应尽可能使用启蒙或设置场景的方法，逐步提高其思维能力。

掌握有效解决问题的技巧

每个男孩在成长过程中都会遇到各种各样的问题和难题，因此父母帮助孩子提高解决问题的能力是非常重要的。

那么，父母应如何教孩子解决问题呢？

1. 细心观察周围的事物

德国著名科学家克雷默博士在观察海豚时受到启发，找到了克服空气湍流造成飞机机翼起泡现象的方法，解决了航空、航海界几十年一直悬而未决的技术难题。那一次，克雷默博士应邀去美国，在横渡大西洋的旅途中，他发现在航道附近游玩的海豚能克服湍流的影响。后来通过研究海豚，他找到了飞机、潜水艇消除湍流影响的方法。

可见，细心观察周围的事物，能使人得到创造性的启发，这是寻找解决问题方法的一种重要途径。

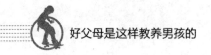

2. 对问题做出多种假设

心理学研究表明，当人们遇到熟悉的事物时，往往根据该事物的一般功能，也就是对自己熟悉的功能来解释它，而很少去考虑该物体的其他功能。同样的道理，当人们在研究问题的解决方法时，很容易根据自己的常识来思考，而忽视突破常识的框框，做出其他的解释。因此，为了提高孩子的创造力，父母必须督促他多学习，只有具有广泛的知识积累，才能够对问题做出多种假设，使思维的触角达到更广阔的境地。

3. 积极性要高，但不能急于求成

心理学家勃尔奇曾做过这样一个实验：

把香蕉放在高处，在一只猩猩的身旁放置一根竹竿，只有利用竹竿才可取到香蕉。实验的结果表明：在猩猩挨饿不到6小时的时候，由于取食的动机太弱，猩猩的注意力很容易被各种不相干的因素分散；可是，当它挨饿超过24小时后，又由于取食的动机过强，把注意力过分紧张地集中在食物这个目标上，因而忽视了解决问题的各种必要条件，同样取不到食；只有在猩猩挨饿6～24小时的时间段里，由于动机强度适中，它的行为才是灵活的，注意力也不会被分散，很快取到了食物。

同理，对于人来说，在解决问题时若积极性不高，或者急于求成，都不会获得成功。古语所谓"事在人为"、"欲速则不达"，说的就是这个道理。

4．随时随地寻找启示或进行联想

一位心理学家做过一个"双索问题"的实验：

天花板上悬着两根绳子，但两者的距离太远，任何人抓住一根就无法抓到另一根，而实验要求被试验者把两根绳结在一起。解决这个问题的办法之一，是在一根绳头上系一个物体，使之像钟摆一样摆动，等它摇向另一根绳时，就可以同时抓住两根绳。心理学家让两组人在解决这个问题前，分别识记了一些不同的单词。第一组人识记的词有"绳索"、"摆动"、"钟摆"等；第二组人识记的词则完全与"双索问题"无关。

实验结果发现，第一组人比第二组人能更迅速地解决了问题。显然，第一组人从识记的单词中受到了启示。从这一角度来说，善于解决问题的人，也就是善于随时随地寻找启示或进行联想的人。

5．克服思维定式

人在解决问题时，最忌讳的就是被心理定式束缚住。我们知

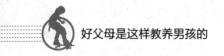

道，人们对事物的反应，往往受到先前一些经验、观点、动机、需求等影响。如果过去的经验有助于问题的解决，那固然很好。但实际上，很多新问题单凭过去的经验是无法解决的。

比如，给一个人三只量杯，容量分别为21毫升、127毫升、3毫升。实验要求以最快速度，用最佳的方法量得100毫升水。显然，将127毫升量杯里的水分别倒满21毫升的量杯和两次倒满3毫升的量杯，127毫升量杯里的水即为100毫升。

再比如，有容量为15毫升、39毫升、3毫升的三个量杯，要求量出18毫升的水。此时倘若再沿用第一题的思路，就有些舍近求远了。因为第二题只需把15毫升和3毫升的量杯里的水倒在一个容器里，就是18毫升水了。

由此可见，如果人们被思维定式束缚住，采取有效思路的可能性就会减小。人要开阔解决问题的思路，应放弃固有的思路，重新分析问题，把问题的本质条件同其他无关的附加因素区分开来，这样才能顺利解决问题。此外，父母在解决问题时，若孩子在身边，可以告诉孩子自己是怎样想的，还可以和孩子探讨一下有什么解决问题的好方法，或自己先提出一个思路，引导孩子继续深入思考。

🏀 学会科学用脑

人的大脑潜能的开发，并非一蹴而就，如果父母拔苗助长，只会使孩子用脑过度，甚至发生悲剧。

所以，父母不必羡慕别人家的孩子是天才儿童，其实你的孩子也拥有天才儿童一样的大脑，只要注意培养孩子科学用脑的好习惯就行了。

开发大脑不等于掠夺式地使用大脑，"头悬梁，锥刺股"并不是一种科学的学习方式。科学家认为，人在大脑疲劳的状态下，就会出现头昏脑涨、记忆力下降、反应迟钝、注意力分散、思维紊乱等恶性反应，导致心智活动难以正常进行。同时，人如果长期处于大脑疲劳状态，还会出现失眠、恐惧、焦虑、健忘、

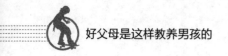

抑郁等症状，有时甚至会危及生命。由此可见，人在大脑疲劳的状态下不仅不能开发大脑，而且还会严重影响人的智力潜能的正常开发。而且大脑疲劳还会导致心脑血管及精神疾病，严重损害人的身心健康。

那么，怎样用脑才是科学合理的呢？如下建议可供父母参考。

1. 不宜长时间使用大脑

心理学研究发现，健康儿童连续用脑30分钟，血糖浓度在120毫克以上时，大脑反应快，记忆力强；连续用脑90分钟，血糖降至80毫克，大脑的功能尚属正常；连续用脑120分钟，血糖降至60毫克，会反应迟钝，思维力较差；连续用脑210分钟，血糖就会降至50毫克，这时便会头昏、头痛，暂时失去学习能力。因此，人不宜长时间地使用大脑，尤其是孩子。科学研究表明，孩子一次做功课或看书学习的时间不宜超过1小时。

2. 综合运用多种感官进行学习

有人发现，人在学习同一内容时，如果只是运用视觉，可接受20%；如果只使用听觉，可接受15%；如果是视听并用，可接受50%。这一现象说明，学习时综合使用多种感官，可明显提高学习效率。

3. 将不同的学习内容分开进行

人在学习时，不同的学习内容会在大脑皮层的不同区域形成兴奋点。如学习数学，可在大脑皮层的某区域形成一个兴奋点；学习英文，在大脑皮层的另一区域形成一个兴奋点。人倘若长时间学习同一内容，会使大脑皮层某一区域的神经细胞负荷加重；如果能交叉学习不同的内容，可使大脑皮层不同区域的神经细胞轮流工作，以提升其工作效率。

4. 充分利用"最佳用脑时间"

每个人每一天都有最佳的用脑时间，而且每个人的时间各不相同。有的人早晨脑子特别灵敏，记忆力最好；而有的人则晚上头脑最清醒，学习效果最佳。父母应充分了解并利用孩子的"最佳用脑时间"，以提高他的学习效率。

5. 保证充分的睡眠

睡眠是大脑的主要休息方式，充分睡眠才能使消除大脑疲劳，保证大脑正常工作。因此，父母应安排好孩子的睡眠时间，尽量让孩子睡得足、睡得好，不要"开夜车"，"车轮战"，以免影响孩子的学习效果和身心健康。

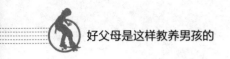

6. 注意体育锻炼和体力活动

体育锻炼和体力活动可以促进脑细胞新陈代谢，消除大脑疲劳，还可以提高神经系统的反应能力和灵活性，有助于提高视力、听力、观察力和思维能力。在人的一生中，运动是非常重要的事，尤其男孩更加热爱运动。运动不仅能促使大脑发展，还可以强身健体，使人的精力更加充沛，能更好地投入学习。

父母千万不能忽视孩子的体育锻炼和体力劳动，更不要把学习同体育锻炼及体力劳动对立起来，以为锻炼身体和参加体力劳动是浪费时间，会影响学习，殊不知，这恰恰是科学用脑的重要方法之一。

7. 保持饮食合理，营养充足

合理的饮食和充足的营养，可保证大脑神经细胞的正常代谢的需要。因此，父母应保证孩子摄入适量的动、植物蛋白质，如肉类、禽类、海鲜、豆制品等，还要多吃新鲜蔬菜、水果，以补充维生素和果糖。

◉ 选择适合孩子的教育方式

教育对一个人的发展起着至关重要的作用，因此绝大多数父母都很重视对孩子的教育问题。父母们不仅仅满足于让孩子在学校接受基础知识的教育，还希望孩子在其他方面也要出类拔萃，于是许多父母便在课外给孩子请家庭教师，或让孩子参加各种特长班。这样做的父母通常都是基于一种认识：孩子所受的教育越多，将来发展就越好。但这种看法有其不妥之处，因为，不是孩子所受的教育越多，学习的时间越长，孩子就一定会比他人更加优秀。想要自己的孩子能够出类拔萃，最重要的还是让孩子学会生存技能，比如，如何发挥自己的长处去做事，所以，父母应找到最适合自己孩子的教育方法，而不是人云亦云。而什么样

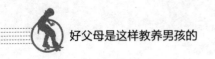

的教育方法最适合自己的孩子成长，很多父母其实并没有认真思考过。

许多父母一直都在想的是如何让孩子听自己的话，让他乖乖地按照自己制订的教育方式去学习。但是"天不遂人愿"：孩子常常不听自己的，无论父母怎么说教、怎么干涉，也无法打造出按自己意愿发展的孩子。比如，有的父母希望孩子成为妙笔生花的才子，可孩子对文学却没有兴趣；有的父母希望孩子学理科，认为理科生以后好就业，可孩子偏偏擅长遣词弄句，对数理化基本上一窍不通；有的父母不惜花费重金给孩子请家教学钢琴，规定他每天练琴数小时，可孩子就是提不起对音乐的兴趣……其实，每个孩子都有其独特之处，作为父母，不能将自己的意愿强加在孩子身上，让他们去学自己不感兴趣或者很难学好的"东西"，这样做，对孩子的发展有百害而无一利。

人的发展受遗传、教育、环境及主观能动性等多种因素影响，每个孩子的天分都不一样，因此发展的方向以及父母所应采取的教育方法也不一样。有一位教育家曾经说过："教育只能根据人的天分和可能性来促使人的发展，而不能改变人生来就有的本性。"

比如，有的专业对人的天赋要求比较高，像文学、艺术和体育，在这些领域能够取得一定成就的人，通常都具备所从事专业要求的先天素质，这些人虽然也要经受后天艰苦的训练，但是倘若不是先天的"底子"好，通常后天也无法取得较好的成绩。所以，父母不能盲目地拿自己的孩子与别人家的孩子攀比。每个人所适合的发展方向是不一样的。还有一些父母对孩子抱以很高的期望，在课外给孩子制订多种学习计划，上多种补课班，这无疑会给孩子增加很多负担，同时也使孩子的天赋得不到专门的培养。孩子由于整日忙于学习多种知识，参加多项技能的训练，根本没有时间和机会去发现和学习自己真正感兴趣和擅长的事情。这种不管孩子喜欢不喜欢、愿不愿意而进行的强制性教育，不仅不能促进孩子的身心健康发展，而且很可能给孩子造成负面影响。

所以，父母一定要谨慎地选择教育方法以及对孩子的培养方向。父母既要保证孩子有接受优质教育的机会，又不能给孩子盲目地增加额外的"负担"。具体而言，父母应做到以下几点。

1. 把孩子当作具有独立人格的人

在家庭教育的过程中，父母应该把孩子当作一个真正具有独立人格的人来看待。孩子有自己的想法，有自己的喜好，父母不

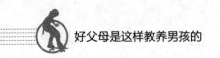

能将自己的喜好强加在他身上。父母在教育孩子时，首先要给予他应有的尊重，多听听他怎么说，多问问他的意见。家庭教育只有建立在尊重孩子的前提下，才有可能取得良好的效果。

2. 给予孩子无条件的支持和爱

不管孩子是不是足够聪明，不管孩子的学习成绩是不是比别人优秀，也不管孩子以后能否出人头地，父母都要用慈爱宽容的目光去鼓励他，一直站在他的身边给予支持。不要觉得自己的孩子没有别人家的孩子优秀就冷落他，训斥他。每个孩子都像一朵尚未开放的花，他的未来拥有无限可能，而父母的爱一定会使他更健康地成长。

3. 用孩子需要的方式去爱孩子

没有父母不爱自己的孩子，可有些父母却不知道如何表达这份爱，不清楚什么样的爱才是孩子最需要的。有些父母对孩子管教得十分严厉，整天板着脸，总是批评、指责孩子；有些父母却过于溺爱孩子，倾其所有满足孩子的一切要求。这两种做法都是不恰当的，都不是真正的爱。

父母要学会用孩子所需要的方式去爱孩子，用孩子所需要的方式去帮助孩子。每个人所追求的东西是不一样的，如果有一天孩子选择了和父母期望中不一样的道路，父母也一定要理解孩子、支持孩子。

4. 鼓励孩子学会坚强

生活是艰难的，孩子从小要学会坚强，不能太脆弱。在孩子蹒跚学步的时候，多摔倒几次，才能慢慢学会走路。在孩子的成长过程中，父母要"狠得下心"，尤其是男孩在他遇到困难、遭遇挫折的时候，不要代替他解决问题。此时，父母给予孩子最好的帮助就是支持和鼓励。父母要对孩子有信心、有耐心，多对他说"没有关系，再来一次"，让他学习自己应对难题，逐渐养成坚强的性格。

5. 通过沟通解决问题

每个孩子在成长的过程中总会出现一些问题，孩子也一样，会让父母感到无奈、沮丧甚至愤怒。其实孩子有时并不是故意调皮，故意惹大人生气，只是孩子的经验有限，有时不能分辨对错，不知道怎么做才算正确。

父母如果能够找到有效的方法，帮助孩子解决那些存在于他们身上的"问题"和"毛病"，那么，父母的育儿工作便会变得轻松。

有效的方法从哪里来呢？与孩子多进行沟通就是最有效的途径。父母只有通过与孩子多沟通，才能了解孩子的真实想法，找到问题的症结所在，进而对症下药，帮助孩子克服"毛病"，解决问题。

6. 选择适合孩子特点的教育方法

一位著名教育专家曾经说过，教育理论非常简单，早在两千多年前孔夫子用"因材施教"四个字就把它说完了。但要真正做到因材施教却是极为困难的，因为每个孩子都不一样。父母要教育好孩子，除了要借鉴一些基本的教育原理，更重要的是要找到适合自己孩子特点的教育方式和方法。在这方面，居里夫人的做法非常明智。

居里夫人有两个孩子：伊蕾娜·居里和艾芙·居里。居里夫人教育孩子遵循的原则是：发掘孩子的天赋，而不是让孩子死记硬背那些死知识。

早在孩子们牙牙学语时，居里夫人就开始对她们天赋进行发掘。她在笔记里写道："伊蕾娜很擅长数学，艾芙在音乐上很有天赋。"当孩子们上小学时，居里夫人就让两个孩子每天放学后在家里参加一个小时的智力活动，以便进一步发掘其各自的才能。当两个孩子进入塞维尼埃中学后，居里夫人让孩子们每天补习一节"特殊教育课"：有时是由·佩韩的化学课，有时是保罗·郎之万的数学课，有时是由沙瓦纳夫的文学和历史课，有时是雕刻家马柯鲁的雕塑和绘画课，有时是穆勒的外语和自然科学。而每星期四下午，居里夫人会亲自教两个孩子物理学。

经过两年的特殊教育，居里夫人觉得，伊蕾娜性格文静、专注，对化学非常迷恋，这些正是科学家所应具备的素质；而艾芙生性活泼，想象力丰富，但始终对科学不感兴趣。经过长时间观察，居里夫人发现艾芙的天赋是文艺，便着重从文艺方面对其加以培养。在居里夫人的培养下，伊蕾娜·居里于1939年获诺贝尔化学奖，艾芙·居里成为一位优秀的音乐教育家和传记文学作家。

由此可见，因材施教非常重要。父母要想取得良好的教育效果，必须首先发掘孩子的天赋，以此为基础采取的教育方法才是最适合孩子的。

7. 允许孩子适当地宣泄情绪

孩子在遇到挫折时，父母应该允许孩子适当地表现出悲伤、难过等情绪，不能对他要求太过严厉。悲伤、难过等情绪是人的一种很正常的情绪，在孩子哭泣时，父母不能大声呵斥，应该让他尽情地发泄心中的低落情绪。只要发泄够了，他的心情自然会恢复平静。当然，如果孩子需要父母的帮助，父母也应该及时给予孩子安慰，多站在孩子的角度上想问题，努力引起孩子的情感共鸣，从而缓解孩子的不良情绪。

8. 保护孩子的自尊心

孩子的自尊心往往较强，但心理承受能力却比较脆弱。当孩子犯错误的时候，如果父母斥责的言语过于尖锐尖厉，很容易让他的心灵受伤。而有些孩子也许会慑于父母的威严，渐渐变得循规蹈矩，以获得父母的夸奖，但是他们的内心深处是有不满情绪的。而对于一些脾气犟、个性强的孩子来说，父母越是训斥，他们越是反抗、叛逆。

那么，怎样教育孩子才是明智之举呢？教育家陶行知的做法颇值得家长们借鉴。

陶行知在育才学校任教时，在一次考试中，班内的一个孩子在考试题中少写了一个标点，结果被扣了分。试卷发下来后，这个孩子偷偷地添上了标点，来找陶行知改分数。

当时陶行知虽然看出了问题，但是并没有挑明，而是满足了孩子的要求。不过，陶行知在那个标点上重重地画了一个红圈。孩子顿时领会了老师的意图，惭愧不已。多年以后，那孩子有所成就，他找到陶行知说："从那件事以后，我开始用功学习，并且下决心一定要做个诚实的人。"

由此可见，陶行知的一次"沉默"暗示不仅没有纵容那个孩子养成投机取巧的坏习惯，反而使他顿悟，下决心诚实做人。试想，如果陶行知当面指出那个孩子的"小聪明"，结果会怎样？孩子或许会被迫认错，或许碍于情面，死活不认。但是无论哪种结局，他的自尊心都将受到伤害，更谈不上对他有什么教育作用了。

简单粗暴的教育方式只会扼杀孩子的个性，伤害孩子的自尊心，对孩子的成长有百害而无一利。而恰如其分的暗示教育方法不失为明智之举，能够取得"此时无声胜有声"的教育效果。因此，父母在教育孩子时不妨尝试一下这种暗示的教育方法。